АНЕКДОТЫ

от Вовочки

Минск   Москва
ХАРВЕСТ   АСТ
2001

УДК 882(476)-7
ББК 84(4Беи-Рус)6
А 66

А 66 **Анекдоты** от Вовочки. — Мн.: Харвест, М.: АСТ, 2001. — 224 с.

ISBN 985-13-0281-3.

В книге собраны самые смешные свежие анекдоты для мальчиков (и не только). Тонкий юмор, блестящее остроумие, комические ситуации, курьезные случаи из жизни — все это здесь, в новом сборнике анекдотов, который способен доставить немало веселых минут каждому, кто возьмет его в руки.

УДК 882(476)-7
ББК 84(4Беи-Рус)6

ISBN 985-13-0281-3 (Харвест)
ISBN 5-17-001936-X (АСТ)

* * *

— Вы знаете, я развожу котят.
— Как это?
— Три котенка на литр воды.

* * *

Разговор родителей:
— Дорогой, ну зачем же ты купил нашему мальчику небьющуюся игрушку!
— А что такое?
— Он же ею перебил все окна и посуду!

* * *

Приходит придворный астролог к королю и говорит:
— Ваше Величество, звезды говорят, что королева умрет завтра!
И точно: назавтра королева отбросила коньки. Злой как собака король вызывает астролога и, поигрывая мечом, спрашивает:
— А скажи мне, любезнейший, что говорят звезды о твоей кончине?
Астролог:
— Не знаю, Ваше Величество, но они говорят, что король умрет через три дня после моей кончины!..

* * *

Сидит врач в кабинете. Тут открывается дверь, и, сгорбившись, заходит чувак, у которого из носа торчит банан, в ухе морковка, а из задницы виднеется огромный огурец! Он стонет:

— Доктор, что со мной?

Доктор:

— Э, батенька, да вы неправильно питаетесь!..

* * *

Что такое успех?

В 4 года успех — это если ты не писаешь в штаны.

В 12 лет успех — это если у тебя есть друзья.

В 20 лет успех — это если ты имеешь успех у женщин.

В 35 лет успех — это если ты много зарабатываешь.

В 60 лет успех — это если ты имеешь успех у женщин.

В 70 лет успех — это если у тебя есть друзья.

В 80 лет успех — это если ты не писаешь в штаны...

* * *

— Доктор, я проглотил золотую ложку.

— Когда это случилось?

— Три месяца назад.

— Что же Вы не пришли раньше?

— Я не нуждался в деньгах.

* * *

— Доктор, это правда, что опытный врач ставит диагноз по внешнему виду пациента?

— Конечно: у вас, например, склероз, сахарный диабет и недержание мочи.

— Как же вы догадались?

— У вас расстегнуты штаны, рядом мокрое пятно, а над ним вьется муха.

* * *

Бился Иван-царевич со Змеем-Горынычем, победил его и только собрался отрубить последнюю голову, как взмолился тот и говорит:

— Не убивай меня, Иван. Я дам тебе три ключа от трех комнат, открой две из них и бери что хочешь, но только третью не открывай.

Подумал Иван-царевич и согласился. Открывает первую дверь — а там золото, серебро, драгоценные камни. Ну, набрал всего. Открывает вторую, а там толпы красавиц, принцесс иностранных. Взял с собой самых красивых. Потом подумал: да ладно, ничего же не будет, и открыл третью дверь. А там менты! И всех повязали...

* * *

Была картошка простая — стала золотая, были грибки простые — стали золотые, была рыбка простая — стала золотая. Еле водку спасли!

* * *

Десять последствий ремонта в вашей квартире:

1. Вы вытираете ноги не перед тем, как войти в квартиру, а перед тем, как выйти из нее.

2. В вашем доме появились белые тараканы.

3. Ваша кошка переключилась с валерианы на олифу.

4. Вы переворачиваете котлеты шпателем.

5. Зайдя в туалет, вы забываете первоначальную цель визита и начинаете пристально изучать подключение унитаза и проверять наличие щелей между плитками кафеля.

6. Вы гладите свою любимую широкими маховыми движениями вверх и вниз.

7. В свою очередь, любимая подставляет вам вместо щечки стремянку.

8. Где бы вы ни оказались, вас везде преследует запах краски.

9. Наконец-то вы радуетесь, что у вас маленькая квартира.

10. Цветы, которые вы дарите своей любимой, сильно пахнут ацетоном.

* * *

У моего приятеля неприятность — сломалась машинка для счета денег...

* * *

Два первоклассника хвастаются своими достижениями в любви.

— Вчера была настоящая оргия — я чуть было не поцеловал Ленку!

— Эх ты, начинающий! Это вообще ерунда. Вот мне она сделала явное предложение — она спросила, не храплю ли я!

* * *

Мама была в отъезде две недели. По возвращении она спрашивает у своего сына:
— Папа грустил, когда меня не было дома?
— Вначале нет, но последние два дня он становился все печальнее и печальнее.

* * *

Идет старый еврей по улице с палочкой — еле ноги передвигает... По другой стороне улицы его обгоняет какой-то парень. Еврей кричит ему:
— Молодой человек, вы случайно не в прачечную?
— В прачечную.
— Ну, тогда за мной будете...

* * *

Наркомана спрашивают:
— А как люди умирают?
— Их аист уносит!

* * *

— Да у него плоскостопие последней стадии.
— А что такое «плоскостопие последней стадии»?
— Вот ты ласты видел?
— Да.
— Это предпоследняя...

* * *

Во многих странах в городских автобусах над головой водителя всегда висит объявление.

В Германии: «Разговаривать с водителем строго воспрещается».

В Англии: «С шофером лучше не разговаривать».

В Израиле: «Нет никакого интереса разговаривать с шофером».

В Италии: «Отвечать шоферу запрещено».

* * *

Сидит новый русский в ресторане в Париже, ковыряет в носу пальцем с золотым кольцом и козявки то на стол бросает, то в рот сует. Набросал кучу на белоснежную скатерть. К нему подходит метрдотель и вежливо, но настойчиво говорит:

— Мосье, вы мешаете есть нашим посетителям.

Новый русский в ответ возмущенно:

— Я мешаю, блин? В натуре, да пусть подходят и едят — я еще наковыряю.

* * *

Объявление на остановке: «Приглашаем в секцию спортивного ориентирования. Найти нас просто: от станции метро «Площадь треугольника» по азимуту 136 до поваленного дерева, оттуда 4576 шагов на северо-восток, переплыть речку возле водокачки и там у кого-нибудь спросить».

* * *

Маленькая девочка смотрит в ванну через щель в двери. Затем идет к маме.
— Мама, ты знала, что наш папа мальчик?

* * *

Подходит мужик к воротам своего соседа и стучит. Стучит, стучит, но никто не отвечает. Стучит сильнее. К воротам тихо подходит собака и говорит:
— Мужик, не стучи: никого дома нет.
Тут мужик сразу падает в обморок. Приходит в себя, смотрит на собаку и говорит:
— Ты чего, собака, гавкать не умеешь?
Собака отвечает:
— Умею, но не хотела тебя пугать.

* * *

Падает ТУ-154. Сидят два пилота и с грустью смотрят в иллюминатор. Тихо беседуют.
— Не понимаю, почему моряки так радуются приближению земли.

* * *

Встречаются после 23 февраля два пса. Один весь перебинтован, еле дышит.
— Что с тобой?
— Хозяин избил.
— За что?
— Покусал я его.

— Да за что?!

— Представляешь, напился, как свинья, и все мои медали нацепил...

* * *

Как использовать автомат для получения денег? По следующей инструкции:
1. Заходишь в банк.
2. Достаешь автомат.
3. Получаешь деньги.

* * *

Вопреки советам военных никогда не закрывайте глаза и не падайте ногами в сторону ядерного взрыва, ибо в любом случае вы видите это шоу первый и последний раз в жизни.

* * *

Две старушки, все в морщинах, болтают на лавочке. Одна говорит:

— Вчера показывали по телевизору, как Бриджит Бардо живет. И саму ее показывали. Ты помнишь, когда мы молодые были, все хотели выглядеть точно как она?

— Ну?

— Ну вот и сбылась наша мечта.

* * *

Женщина просит похоронить мужа в синем костюме.

— А почему бы не похоронить его в черном костюме, в котором он сейчас? — спрашивает директор похоронного бюро.

— Нет, нет! Я за все заплачу!

После похорон она с благодарностью подходит к директору:

— Отличный синий костюм, сколько я вам должна?

— Занятная история — этот костюм нам достался абсолютно бесплатно. Как только вы ушли, принесли другой труп, который был в синем костюме. Я спросил вдову, не хочет ли она похоронить мужа в черном костюме. Она согласилась... Мне оставалось только головы переставить...

* * *

Надпись в видеопрокате: «Извините, но у нас нет этого кина про того чувака, который еще играл в том кине!»

* * *

Ты должен держать себя в форме. Вот моя бабушка в 60 лет каждый день пробегала 5 километров. Сейчас ей 97, и мы так и не можем ее найти...

* * *

Останавливает грузин-автоинспектор грузина-водителя и спрашивает:

— Права есть?

— Есть!

— Техосмотр есть?

— Есть!

— Аптечка есть?

— Есть!

— Огнетушитель есть?

— Канэчна, есть!

— А магнитола есть?

— Есть!

— Тогда включай.

Раздаются звуки лезгинки, инспектор начинает танцевать вокруг машины и кричит:

— Что смотришь? Не видишь, тэбэ танцую?! Дэнги давай!

* * *

Маленький мальчик долго и внимательно рассматривает свою новорожденную сестричку:

— Очень маленькая и некоторых деталей не хватает. Родители, жмоты, точно на распродаже купили!

* * *

На уроке в воскресной школе:

— А сейчас Джимми расскажет нам, каким мальчиком надо быть, чтобы попасть в рай.

— Мертвым, сэр...

* * *

Жена нового русского принимает квартиру после евроремонта. Представитель фирмы говорит:

— У нас вопрос по поводу прокладки антенны. У вас какое телевидение будет, обычное или спутниковое?

— Не знаю, муж мне ничего не говорил о запуске спутника.

* * *

Сын нового русского идет в школу. В одной руке портфель, в другой — пачка дорогой глянцевой бумаги. Навстречу ему джип. Оттуда выходит его приятель, тоже сын нового русского.

— У вас что, в компьютерном классе бумага кончилась?

— Да нет, сбор макулатуры. А ты чего в школу на джипе?

— Да так. У нас сегодня сбор металлолома.

* * *

Дом полон гостей. Вдруг выходит маленькая девочка, дочь хозяев, и говорит:

— Мама, я писать хочу.

Ну, мама ее пристыдила, объяснив, что так нельзя говорить. Надо сказать культурно: «Я хочу посвистеть».

Девочка приезжает летом к бабушке и дедушке в деревню отдыхать. Ночью просыпается:

— Бабушка, я посвистеть хочу.

— Что ты, милая, все спят, потерпи до утра.

— Ну, бабушка, я очень посвистеть хочу.

— Нельзя сейчас — ночь. Утром посвистишь.

— Бабушка, я не дотерплю до утра. Я очень-очень хочу.

— Ну ладно, что с тобой делать — посвисти вон дедушке на ушко.

* * *

— Говорят из родильного дома. Сообщите, пожалуйста, Иванову, что у него родилась тройня, все девочки.
— О, только не сейчас. Он бреется.

* * *

Теща мечтательно рассказывает зятю о своем прошлом:
— Когда я была молодой, я была глупой, наивной и очень некрасивой...
Зять:
— Мама, вы прекрасно сохранились.

* * *

Попали два ежика в яму.
— Ну и что делать будем!?
— Бедняга, и здесь без работы не можешь?!

* * *

Новый русский официанту:
— Пять бутылок водки и один салат!
Официант:
— Разрешите полюбопытствовать-с. Вы всегда заказываете-с салатик, но никогда его не кушаете-с. Зачем-с?
— В него мягче падать!

* * *

Московский «Спартак» недавно продал одного талантливого футболиста в Бразилию. Там этот сильный в физическом плане спортсмен по 14 часов в день трудится на кофейных плантациях...

* * *

— Телефон у меня простой: 32-08. И запоминается очень легко: 32 зуба и 8 пальцев.

* * *

— Почему бывшие военные, когда звонят по телефону, не здороваются?
— Как это не здороваются? Просто они молча честь отдают.

* * *

На уроке анатомии учитель спрашивает:
— Вовочка, что ты можешь рассказать о дыхании человека?
Вовочка:
— Ну-у-у, у человека есть верхние дыхательные пути. И-и-и, э-э-э, нижние... Верхними мы вдыхаем и выдыхаем. А нижними — только выдыхаем.

* * *

Вовочка получил двойку по математике. Папа спрашивает за что.

— Не смог найти наименьшее общее кратное.

— Как? Они за тридцать лет так и не нашли его?

* * *

Как избавиться от вшей?

Нужно смешать кирпичную крошку и красный перец, после чего этим составом посыпать зараженное место.

Принцип действия: вошь бежит, нечаянно вдыхает красный перец, чихает, бьется головой об кирпич — и погибает.

* * *

— Мы, пионеры, решили сдать две тонны макулатуры. Погрузили ее в машину, поехали, но не вписались в поворот. Заодно сдали две тонны металлолома.

* * *

Один мужик сконструировал машину для предсказания будущего. И задал ей вопрос:

— Что я буду делать через час?

Машина работала трое суток и наконец выдала:

— Будешь сидеть и ждать моего ответа.

* * *

— Как узнать, какой медведь повстречался вам в лесу?

— Подберитесь к нему незаметно сзади и хорошенько ударьте его ногой в зад. Как можно быстрее заберитесь на ближайшее дерево. Если медведь вскарабкается на него и сожрет вас, то это черный медведь. А если он дерево сначала повалит и только потом сожрет вас, то это гризли.

* * *

Приходит к врачу мужик:
— Доктор, помогите: я наполовину глухой!
— Ерунда, батенька, не может такого быть! Можно быть либо глухим, либо нет!
— А вы проверьте!
Доктор отходит в угол и шепчет:
— Сорок четыре!
Мужик повторяет:
— Двадцать два!..

* * *

— Говорят, в пустыне бывает очень жарко?
— Ужасно! Ни травинки, ни деревца на сотни километров. Мы по очереди лежали друг у друга в тени.

* * *

Встречаются два кота: один жирный, другой тощий — кожа да кости. Тощий спрашивает:
— Ты где так откормился? Ведь твой хозяин такой же алкоголик, как и мой, — оба все пропивают!
— Так у твоего после этого зеленые чертики бывают, а у моего — розовые мыши!

* * *

Три бизнесмена ужинали в клубе. Когда пришло время оплатить счет, каждый потянулся за ним.

— Деловые расходы, — сказал один.

— Я заплачу, — откликнулся другой. — У меня госконтракт, мне возместят.

— Дайте-ка сюда, — говорит третий. — На той неделе я объявляю о банкротстве.

* * *

— Да, я очень рекомендую вам доктора Стренга. У него такая обширная и доходная клиентура, что он может позволить себе сказать, что вы не больны, если у вас ничего нет.

* * *

— Он чуть что — так сразу в кусты.

— Так он что, ненадежный товарищ?

— Товарищ надежный, ненадежный желудок...

* * *

Первое лезвие бреет чисто.
Второе — еще чище.
....
Двадцать четвертое полирует челюсть.

* * *

— Какой самый главный принцип в дзюдо?

— Товарища кинуть!..

18

* * *

Слон при побеге из зоопарка застрял в дыре забора. Дергался-дергался — бесполезно. Мимо ползет змея.

— Змея, а змея, помоги выбраться, толкни меня руками.

— Я бы с удовольствием, да рук у меня нет, — ответила змея.

— Ну, тогда ногой подпихни.

— А у меня и ног нет.

— Да что же у тебя есть-то?!

— А хрен его знает, — сказала змея и пожала плечами.

* * *

Арина Родионовна часто пугала маленького Пушкина:

— Вот будешь плохо себя вести, к тебе придет...

— Бабай?

— Нет, Дантес!..

* * *

Случилась авария. Паровоз на полном ходу протаранил грузовик и протащил его с полкилометра. И хотя никто не погиб, водитель грузовика подал в суд на машиниста. В суде судья спрашивает машиниста:

— Сделали ли вы что-нибудь, чтобы предупредить водителя?

Машинист:

— Да, я высунулся из кабины и яростно размахивал фонарем... (показывает, как он махал)

Его оправдали. Жена ему и говорит:

— Умница, ты держался молодцом!

— Ага. Хорошо, что судья не спросил меня, был ли фонарь зажжен!..

* * *

Папа поучает сына:

— Запомни, сынок: умный человек всегда во всем сомневается. Только дурак может быть полностью уверенным в чем-то.

— Ты уверен в этом, папа?

— Абсолютно.

* * *

Еврей спрашивает раввина:

— Скажите, ребе, вот если вы найдете на улице чемодан и в нем миллион долларов, вы вернете его владельцу?

— Ну, если точно узнаю, что этот чемодан потерял БЕДНЫЙ человек, то обязательно верну.

* * *

Новый русский случайно оказался в переходе. Смотрит — сидит бабка с протянутой рукой и просит денежку подать. Он и говорит:

— Бабка, я бы дал тебе денег, но ты их все равно проешь!

* * *

Полицейский останавливает машину и тщательно ее обследует.

— Эту развалину я бы даже не рискнул назвать автомобилем!

— Именно поэтому у меня нет водительских прав.

* * *

Едет чукча в трамвае. Водитель:
— Следующая остановка «8-го Марта»...
Чукча:
— Ой, а раньше никак нельзя?!

* * *

Лето. Жара. Поезд. В купе два пассажира: негр и украинец. Украинец распаковывает свою сумку с продуктами, негр старается не смотреть в его сторону. На столике появляется хороший кусок сала, жареная курица... Негр не выдерживает и просит:

— Проголодался очень, угости, пожалуйста.

— Ну, ладно. Только ты пойди сначала в тамбур и выпей 10 стаканов воды.

Что делать, негр идет, выпивает 10 стаканов почти горячей воды (жара все-таки!), возвращается в купе. Украинец уже нарезал сала, выложил негру на отдельную тарелочку половину курицы, огурцы, помидоры:

— Попил? Ну, теперь садись.

— Да нет, спасибо, что-то уже не хочется.

— Так это ж ты не есть хотел — тебя жажда мучила!

* * *

Целый день Иван Иванович пытался поймать рыбину в пруду. Испробовал все наживки: и перловку, и червя, и мотыля. Но ничего не поймал, хотя клевало. Собрался уходить, когда на вытянутом крючке обнаружил бумажку с надписью: «Счет, пожалуйста...»

Иван Иванович пошел домой счет выписывать...

* * *

— Сколько человек здесь работает?
— С бригадиром — десять.
— А без бригадира?
— А без бригадира вообще никто не работает.

* * *

Барабанщик блэк-метал группы с утра просыпается, берет в руки палочки. К нему подходит маленький сын с вопросом:
— Папа, а ты когда вырастешь, кем станешь?

* * *

Бывший официант устроился на работу милиционером. Его спрашивают, как ему новая работа. Он:
— Зарплата, конечно, поменьше будет, но вот что мне нравится, так это то, что клиент всегда не прав!..

На прием к прокурору пришла женщина с кучей ребятишек просить о досрочном освобождении мужа. Прокурор:

— Ну и что же он у вас натворил?

— Да курицу в магазине украл!

— Да-а-а, невелик грех!

— Так он еще и с милиционерами потом подрался.

— Так он у вас драчун?

— Да нет, только когда выпьет.

— Так он еще и алкаш?

— Да нет, так: когда меня поколотит, тогда с горя и выпьет...

— Так зачем вы хотите его из тюрьмы вытащить?

— Понимаете, курятинки захотелось...

* * *

Пришел парень в военкомат в армию призываться. Его спрашивают:

— Кем в армии хочешь быть?

Он отвечает:

— Летчиком.

В военкомате решили пойти пареньку навстречу. Послали его учиться, но у него ничего не получилось. И вот опять вызывают его в военкомат и говорят:

— Извини, но летчиком тебе не быть. Выбирай другие войска.

Парень подумал и говорит:

— Тогда я   служить в ПВО.

— Почему именно ПВО?

— Если я не буду летать, никто не будет летать!

* * *

Разговаривают двое заик:

— Иди-иди-идиот!

— Приду-приду-придурок!

* * *

— Угадай, что такое: «шесть ног, а на голове ходит»?

— ???

— Вошь.

* * *

Звонок в фирму, которая занимается ремонтом компьютеров:

— Мой принтер начал плохо печатать!

— Вероятно, его надо просто почистить. Это стоит 50 долларов. Но для вас будет лучше, если вы прочтете инструкцию и выполните эту работу сами.

Клиент, удивленный такой откровенностью, спрашивает:

— А ваш босс знает, что вы таким образом препятствуете бизнесу?

— На самом деле это его идея. Мы получаем куда больше прибыли, когда позволяем нашим клиентам сначала самим попытаться что-то отремонтировать.

* * *

— Папа, ты можешь починить мне барабан?
— Нет, сынок. Я в барабанах ни бум-бум.

* * *

Звонит телефон. Трубку снимает маленький сын.
— Вам кого?
— Папа дома?
— Нет, он куда-то уехал.
— На отдых?
— Нет, он уехал с мамой.

* * *

— Вовочка, кем ты хочешь стать, когда вырастешь?
— Милиционером.
— А ты, Сережа?
— Бандитом, чтобы мы снова могли играть вместе.

* * *

Попал Папа Римский в Рай. Настало время обеда.
Бог:
— Ну что, покушаем?
— Покушаем!
Открыл Бог банку тушенки. Стали они есть. Папа смотрит вниз на Ад, а там народ поглощает балыки, икру и ананасы. На следующий день Бог говорит:

25

— Ну что, покушаем?!

— Покушаем!

Открывает Бог банку килек в томате, и они молча кушают. В Аду балуются жареными рябчиками и марципанами. Папа:

— Господи, что-то я не понимаю! Мы тут консервами давимся, а этим богохульникам всякие яства достаются?!

Бог, вздыхая:

— Ох-ох-хонюшки, да кто ж на двоих готовить-то будет?!

* * *

— Папа, ты хорошо запоминаешь лица?

— Да.

— Вот и хорошо. А то я разбил твое зеркало для бритья.

* * *

Встречаются две собаки — одна жирная, другая худая.

Жирная:

— Знаешь... Вот на тебя посмотришь, можно подумать в стране голод!

Худая:

— А вот на тебя посмотришь, можно подумать, что ты — его причина.

* * *

Больной — официантке:

— Почему мне вилку и нож не дали?

— У вас, больной, стол диетический, острое вам не положено.

* * *

Плывет жаба, видит — карась плещется. То одним боком вывернется, то другим выпрыгнет, пузыри пустит — короче, колбасит его в полную. Жаба:
— Карась, ты че тут делаешь?
Карась:
— Как что, рыбаков жду!
— Ты че, офонарел, жить надоело?
— Да нет, просто мы с крокодилом на охоте — я приманка, а он в камышах прячется...

* * *

— Что с тобой случилось?
— Террористы... Они захватили мой желудок и требуют пива.

* * *

— Ты кем работаешь?
— Чекистом. В магазине чеки пробиваю. А ты?
— Летчиком. Лед на асфальте колю.

* * *

Ковбой-переселенец двинулся с семьей на Запад. Построил там дом, развел живность. Потом повесил рядом с домом большой колокол и сказал жене:

— Значит так. Если стрясется какая-нибудь беда, пока я в поле работаю, звони изо всех сил в этот колокол, чтобы я услышал.

На следующий день он слышит, как звонит колокол, седлает коня и скачет во весь опор домой. Влетает во двор, и жена ему говорит:

— Дети стали просто несносны. Джо все время таскает Каролину за волосы, и оба так ругаются... У меня уже нет сил.

— Ну, ты дура или как? Я для этого все бросил и, как сумасшедший, пять миль скакал? Я тебе повторяю: звонить надо, если беда какая-нибудь. Поняла?

На следующий день опять колокол звонит. Ковбой опять прилетает на лошади домой и слышит от жены:

— Случилась беда. Джо сел на мула, ездить не умеет, оборвал все веревки с бельем, теперь надо все перестирывать...

Ковбой кладет руку на кобуру и говорит:

— Послушай, идиотка! Я тебе в последний раз говорю! Звонить надо, если случается что-то страшное. Если ты еще раз будешь звать меня из-за ерунды, это кончится для тебя плохо.

И на следующий день звонит колокол. Опять прискакал ковбой и видит, что дом горит, жену и детей угнали индейцы, везде валяются куры, проткнутые стрелами, мул убежал... Посмотрел ковбой на эту картину и сказал:

— Вот это нормально. А то звонит, звонит...

* * *

Каморка Папы Карло. На стене — кусок холста. Папа Карло истязает полено:

28

— Во-от какой мальчишка будет смышленый!..
Ы-ых! Девчонка!.. Ы-ых! Безногая!.. Ы-ых! Собачка! Ых! Лягушка! Ых! Черт с вами, брелок...

* * *

Для чего нужен сотовый телефон?

1. Сотовым телефоном можно занюхивать водку, а кожаным футляром — закусывать.

2. Если вы с дружбанами пошли в театр или
в оперу или еще куда-нибудь и один из вас что-то
долго задерживается в парилке, можно ему туда
позвонить и узнать, все ли у него путем.

3. Плоский сотовый можно использовать типа
как ложечку под обувь.

4. Отмороженные могут использовать сотовый
в качестве тупого легкого предмета.

5. Если на кухне кран потек, то можно по трубе
вызвать «своих» ребят.

6. Если сотовый телефон покрыть мехом, то им
можно греть уши. (Лучше, конечно, два сотовых
телефона на резинке.)

7. Если вы вдруг окажетесь в плену, то по сото-
вому можно позвонить своим и сказать, что задер-
живаетесь. Или спросить у них номер какой-нибудь
части, а то, мол, тут на допросах интересуются.

8. И наконец, сотовый телефон можно использовать по прямому назначению — выпендривать-
ся перед девчонками!

* * *

Послали в разведку лейтенанта, сержанта
и рядового. Ползут они через линию фронта,

а рядовой прямо-таки трясется от страха. Вот уже перед самыми немецкими окопами лейтенант не вытерпел и говорит:

— Давайте хряпнем по сто грамм для храбрости, а то этот придурок со страху нас выдаст.

Хряпнули, ползут дальше. Тут сержант дергает за ногу ползущего впереди лейтенанта и говорит:

— Давайте еще по сто грамм для храбрости, а то этот придурок сзади сильно зубами стучит — еще, чего доброго, нас выдаст.

Хряпнули, ползут дальше. Тут рядовой дергает за ногу сержанта и говорит:

— Давайте еще по сто грамм для храбрости, и тихонечко споем...

* * *

Ипподром. Перед самым финальным заездом к жокею подходит дедок со своей кобылой и говорит:

— Сынок, проскачи на моей кобыле! Жизнью клянусь: она всех победит! Деньги пополам поделим!

Жокей осмотрел кобылу — вроде ладная да стройная. Жокей думает: чем черт не шутит, и спрашивает деда:

— Ладно, дедуля, что можешь посоветовать?

— Да ты, сына, не волнуйся, шпорь ее да хлыстом осаживай, но помни: перед каждым прыжком через препятствие громко кричи ей в ухо «А-л-л-л-е х-о-п!!!» и она будет сигать, как птица!

Жокей удивился, но согласился. И вот дан старт. Кобыла, как метеор, сразу вырвалась вперед. Первый барьер. Жокей кричит:

— Але хоп!

Кобыла, как танк, проламывается через бревна, даже не пытаясь подпрыгнуть. Второй барьер:

— Але хоп! — громче кричит жокей.

Кобыле по барабану — она сносит намертво и это препятствие. Скачут дальше, и вот перед ними бетонная стенка. Жокей думает: ну вот мне и конец пришел, и со страху как заорет кобыле в ухо:

— Аллле хоп, тупая кляча!..

Тут кобыла отрывает ножки от земли и как ласточка перелетает через стенку. Первое место. Ипподром ликует. Овации. После обомлевший со страху жокей спрашивает деда, вручая ему его долю:

— Ну, дед, ты даешь! Она что у тебя, глухая?!

Дед:

— Какой глухая, сынок: она слепая!

* * *

Чукча копает недавно посаженную картошку. Сосед:

— Ты что, братан! Неделю назад посадил и уже копаешь?!

— Амнистия, однако!

* * *

Прилетел один новый русский на Гавайи, заселяется в отель. Его и спрашивают:

— Вы откуда?

Он думает: скажу из России, начнут спрашивать, а что это, а где это, ну и сказал:

— Из Европы!

А ему:

— А где в России находится Европа?!

* * *

Семья нового русского купается в озере, поблизости сидит рыбак — рыбу ловит. Вдруг рыбак услышал, как новый русский зовет на помощь.

— Помогите! Моя жена тонет, а я не умею плавать! Я дам вам сто баксов, если вы мне поможете!

Рыбак в десять сильных гребков оказывается рядом с тонущей женщиной и вытаскивает ее из воды. Потом обращается к новому русскому:

— Ну, где моя сотня?

— Ты знаешь, она так мельтешила в воде, что я подумал, что это моя жена, но я ошибся — это моя теща.

— Эх, невезуха! Сколько я тебе должен?

* * *

У каждого родителя всегда есть свои плюсы и минусы, впрочем, как и у любого другого источника питания.

* * *

Француз у русского спрашивает:

— Скажите: вот почему мы, французы, свою столицу зовем «Пар-р-и-и», а вы, русские, «Париж-ж-ж»?

Русский отвечает:

— Да у нас все через ж-ж-ж...

Сталкиваются две автомашины. Разъяренный водитель первой машины бросается к владельцу второй:

— Посмотрите, что вы наделали! — кричит он. — Вы разбили мои зубные протезы!

— Ладно, — успокаивает его второй водитель. — Поройтесь в этой коробке.

И он подает пострадавшему картонную коробку, в которой тот обнаруживает сотни зубных протезов. Порывшись в них, он находит подходящий и радостно восклицает:

— Надо же, как повезло! Хорошо, что я столкнулся со стоматологом.

— Стоматологом? — удивляется второй. — Я не стоматолог, я — могильщик.

* * *

Спит прапорщик. Вдруг — в комнате шорох. Он вскакивает:

— Кто здесь?

— Здесь никого нет.

— Я не спрашиваю, кого здесь нет — я спрашиваю, кто здесь есть!

* * *

В дополнение программы «Каждому ребенку — по книжке» правительство учредило новую программу: «Каждому пенсионеру — по зубам!»

Студент, сын нового русского, жалуется другу:

— Представляешь, я послал телеграмму рода-
кам, чтобы они выслали мне денег — ну типа мне
не хватает на питание!..

— Ну а они, конечно, сказали «нет»?!

— Нет, они купили мне ресторан!..

* * *

— Капитан! Капитан!

— Что?

— Якорь всплыл!

— Хм-м-м... Скверная примета...

* * *

Разговаривают двое сыновей новых русских:

— А мой отец, когда отдавал меня учить музы-
ке, говорил: «Гадом буду, а Ростроповичем его
сделаю».

— Ну и чего?

— Чего, чего... И он гад, и я не Ростропович.

* * *

Школа выживания.
Тема 1. Как выживать соседей.

* * *

При проверке билетов кондуктор обнаружил,
что взрослый шотландец едет по детскому билету,

и стал требовать уплаты штрафа. Выведенный из себя контролер в ярости схватил чемодан пассажира и выбросил его в окно. Поезд в этот момент проходил по мосту через реку.

— Вы совсем сошли с ума! — вскричал шотландец. — Сначала вам не понравился мой билет, а затем вы утопили моего брата.

* * *

Как отвечать на «Аллах Акбар!»?
Полевому командиру — так точно!
Муфтию — полный Акбар!
Батюшке — во истину Акбар!
Моджахеду — от Акбара слышу!
Воинствующему моджахеду — стой, стрелять буду!
Мирному моджахеду — ваши документы!
Моджахеду — сотруднику ФСБ — спасибо, мне уже доложили.

* * *

Вовочка с подружкой стоят у киноафиши.
— Ну вот, опять «детям до 16...»
— И зачем, спрашивается, мы вообще из постели вылезали?!

* * *

У мужика умерла жена. Приходит он к приятелю и говорит:
— Одолжи денег. Хочется все-таки похороны хорошие сделать, там, поминки, все такое...

— Да я бы тебе одолжил, но я же тебя знаю. Ты же все в карты проиграешь.

— Да ну что ты, нет. К тому же на карты я уже отложил.

* * *

В переполненном вагоне метро.

— Молодой человек! Может быть, вы в другое место свою руку пристроите?

— Да я бы с удовольствием, но как-то стесняюсь...

* * *

Жена и сын-дошкольник возвращаются с курорта. Жена рассказывает мужу:

— Представляешь: там такие интересные люди, такие увлекательные собеседники! Я, например, познакомилась с Героем Советского Союза.

Сын бормочет:

— Герой-герой, а один спать боится!

* * *

Фирма выполнит любые лакокрасочные работы на дому у вашей тещи: 100 %-ная токсичность гарантируется!

* * *

Прапор привел роту на экскурсию в зоопарк. Прапор:

— А это, товарищи рядовые, вольер с жирафами. Только сейчас их не видно, так как они яйца в гнездах высиживают.

Рядовой:

— Товарищ прапорщик, а разве жирафы высиживают яйца?

Прапор:

— Что?! 40 раз отжаться.

(Рядовой отжимается.)

Прапор:

— Так что вы спрашивали?

Рядовой (задыхаясь):

— А когда они на юг улетают?

* * *

— Братаны, вчера Косой при мне с десятого этажа сиганул!

— И какой был мотив?

— Какой, на хрен, мотив! Не Кобзон — молча падал!

* * *

Настоящий орангутанг в своей жизни должен сделать три вещи: вырастить сына, посадить дерево и убедить сына, что это и есть его дом.

* * *

Мужик идет по улице. Вдруг к нему подходит другой:

— Вот, наконец-то, я вас поймал. Вы мне долг отдадите когда-нибудь или нет?

— Конечно, отдам. Всем, кому я должен, все

деньги обязательно отдам. Я уже начал отдавать. По списку, в алфавитном порядке. Недавно вот отдал Абакумову, на этой неделе Авилов получил...

Следует страшный удар по физиономии.

Мужик (падая):

— А вот это совершенно напрасно, товарищ Ящерицын!

* * *

Морской бой:
— А 3.
— Мимо.
— В 3.
— Ранил.
— В 4.
— Убил.
— В 4.
— Ты же уже стрелял В 4!
— А контрольный выстрел?!

* * *

Идет мужик на свой огород, смотрит, а там какие-то жлобы с лопатами.

— Мужики, а че это вы тут делаете?
— Не видишь, что ли? Картошку копаем!
— Так я же хозяин!
— Ну, раз хозяин, тогда помогай копать!

* * *

Студент пишет письмо отцу:
«Дорогой папа!

$пешу $ообщить вам, что у меня в$е хорошо. Я учу$ь нормально. Правда мне не $ов$ем легко. $ этой учебой, я $овершенно не могу думать ни о чем другом. Пожалу$та, вышли мне $рочную телеграмму. Я буду $частлив получить от тебя ве$точку. Твой $ын».

Вскоре пришло письмо от папаши:

«Сынок. Понимаю твое НЕТерпение. НЕТрудись слишком сильно, а то будешь совсем НЕТрудоспособным. Если стаНЕТ совсем тяжело, пиши еще, если НЕТрудно. Я всегда помогу тебе советом.

Папа».

* * *

Новый русский зашел в музыкальный магазин и попросил продать ему самый дорогой инструмент, чтобы похвастаться перед друзьями. Ему показали скрипку Страдивари, изготовленную в 1730 году, которая стоила 70 тысяч долларов.

— Цена значения не имеет, — сказал новый русский. — А фирма, которая изготовила скрипку, все еще существует?

— Конечно, нет, — ответил продавец.

— Не пойдет. Где я буду доставать запчасти?

* * *

— Сегодня, дети, мы будем писать сочинение о нашем светлом будущем.

С задней парты:

— А базар фильтровать?

* * *

Холостяк всю работу по дому делает сам, а женатого заставляет жена.

* * *

Гаишник останавливает машину и начинает, как обычно, докапываться:
— Документы на машину есть?
Водитель:
— Вот они.
— А права?
— Пожалуйста.
— Аптечка, огнетушитель?
— Есть!
— Молодец! Все у тебя в порядке! Сегодня день милиции, давай за это по 100 грамм!
— Да ты что, ты же меня тут же оштрафуешь!
— Да нет, ну праздник же сегодня!
Ну, выпили они по 100, и водила уехал. ГАИшник (по рации):
— Третий, третий, это пятый! Иваныч, я там тебе должен 100 баксов. Так вот: через 10 минут проедет белая девятка — пьяный в доску!

* * *

— Что это ты, бороду отрастил? Зачем?
— Да, надоело. Все мне говорят: мол, лицо у тебя красивое, но уж больно женственное. А теперь как?
— Ну как, как. Представь себе бабу с бородой...

40

* * *

— Бабушка, а почему Земля вертится?

— Ах ты, негодник, опять выпил отцовский коньяк!

* * *

— Если на спину кошки привязать бутерброд и бросить, упадет ли кошка на спину, т. е. бутерброд маслом вниз, или наоборот?

— Есть гипотеза, что в этом случае кошка упадет на лапы, но сверху на нее обрушится потолок.

* * *

Каждый день на рынке азербайджанцы продают помидоры. Потом приходит ОМОН и топчет помидоры. После того как ОМОН уходит, азербайджанцы возвращаются и продают кетчуп.

* * *

Идут вступительные экзамены в институт. Около аудитории томится толпа озабоченных абитуриентов и их родителей. Тут из дверей выскакивает весь взмокший сын нового русского. Отец к нему:

— Ну как?

— Пять!

Отец:

— Да ты что?! Я же шесть уже дал!

— А теперь еще пять — за козла ответить!

41

* * *

Едет пастор на велосипеде по поселку и видит маленького мальчика с бензопилой.

— Эй, малыш, сколько хочешь за пилу?

— Ровно столько, чтоб купить лисапед!

— Может, тогда поменяемся на мой велосипед?!

— Давайте!

Взял пастор пилу. Дернул за веревочку — ни фига!

— Эй, мальчик, а как она работает?

— Не знаю, но, когда папа ее заводил, он всегда матерился, и она начинала работать!

— Хм, понимаешь, я служу Господу уже лет 15 и совсем забыл все матерки!

— Ничего, вы просто дергайте и дергайте за веревочку: это само к вам придет!

* * *

У Майка Тайсона спрашивают:

— Верите ли вы в талисманы, приносящие удачу?

— Конечно. Если б я не верил в талисманы, я бы не вкладывал перед каждым боем в перчатки подковы.

* * *

К фермеру в дверь позвонил незнакомый мужчина и говорит:

— Скажите, сколько стоит ваша лучшая корова?

— Ответьте сначала на один вопрос. Вы из налоговой инспекции или просто задавили мою корову своей машиной?

* * *

Идет мужик по улице с ружьем. Его спрашивают:
— Куда идешь?
— К теще на день рождения. Подарок купил: серьги.
— А ружье зачем?
— А в мочках дырочки сделать.

* * *

У мужика в доме завелась крыса. Постоянно ночью вылезала и все сжирала. Кто-то ему посоветовал: «Возьми шкварочки, насыпь их полную миску и перемешай с ядом. Ночью подложишь, она съест и сдохнет». Мужик так и сделал. Оставил на ночь миску, утром встает — миска пустая, крысы дохлой не видно. Ну, мужик повторил операцию на следующую ночь, потом опять и опять — никакого результата.

Надоело ему это. В очередную ночь оставил миску уже пустой, спрятался и ждет, что же будет. Ждет, ждет, наконец слышит топот. Он выглядывает из засады и видит: огромная жирная крыса, медленно переваливаясь с боку на бок, подходит к миске, заглядывает туда, видит, что она пустая, и говорит таким жалобно-обидчивым голосом: «Не поняла: а где мои шкварочки?»

* * *

Разговор сына и отца на вокзале.
Сын:
— Папа, а пап, а бабушка точно этим поездом приезжает?
Папаша:
— Точно, точно! Давай не отвлекайся, откручивай гайки скорее!

* * *

Муж возвращается поздно домой. Жена набрасывается на него:
— Почему так поздно?
Муж оправдывается:
— На работе был, у нас план горит!
Жена в слезы:
— Нет, врешь ты все...
Из соседней комнаты откликается сын-школьник:
— Точно, мам, врет! Мы вчера с ребятами план поджигали: ни фига он не горит!

* * *

Два друга пошли на бега. Стоят, думают, на кого поставить. Потом один говорит:
— Я где-то читал, что фаворит — Ураган. Давай на него поставим.
— Давай.
В это время к ним подходит какой-то старичок и говорит:
— Я случайно слышал, что вы хотите ставить

на Урагана. Послушайте опытного человека: не делайте этого. Ураган — дохлятина: он вообще до финиша может не добежать. Ставьте на Фрегата, этот точно победит.

Хорошо, поставили на Фрегата. Тот пришел последним, Ураган первым. Второй заезд. Один из друзей говорит:

— Мне брат сказал, что очень хорошая лошадь — Стрела. Надо ставить на нее.

— Давай.

Тут опять появляется старичок:

— На Стрелу? Лучше сразу свои деньги выкиньте. Стрела на тренировках дважды падала, у нее травмы. Ясно, что лучшая лошадь — это Акула. Тут вы не промахнетесь.

Поставили на Акулу, первой пришла Стрела.

Осталось денег на один заезд. Тут мнения разошлись. Один хотел ставить на Грозу, потому что у его отца так собаку звали, а другой на Ангару, потому что на Ангаре у него тетя живет. В этот момент опять мимо проходит старичок и говорит только одно слово:

— Белоснежка.

Поставили на Белоснежку. Естественно, она оказалась последней. Остались в кармане гроши. Один из друзей говорит:

— Пойду в буфет, хоть куплю нам бутерброды с колбасой.

Возвращается с мороженым. Другой его спрашивает:

— А что, бутерброды кончились?

— Да нет, опять старичка встретил.

* * *

Папа с сыном лежат на пляже, а плавающая в реке теща начинает тонуть. Сын:

— Папа, папа, смотри: наша бабушка руками машет!

— Ну что ж, сынок, и ты ей помаши, что ли!

* * *

— Серег, минералочки хочешь?

— Я пить не могу после вчерашнего!

— Может, тогда яблочко?

— Я есть не могу после вчерашнего!

— А че это ты в одеяле?

— Я замерз после вчерашнего!

— Что же вчера такое было?

— Не помню!..

* * *

Поехал я как-то отдохнуть на Ленинские горы. Впрочем, нет, на эти… как их… Воробьевы. Хотя нет, на Ленинские, на Ленинские. Сижу я там на лавочке, и тут ко мне подлетает воробей. Впрочем, нет, этот… как его… Хотя нет, воробей, воробей…

* * *

Отец спрашивает сына:

— Сынок, тебя какая-нибудь профессия привлекает?

— Да, папа, милиция.

— А почему?

— Не знаю. Привлекает и привлекает.

* * *

Современная философская постановка проблемы курицы и яйца сводится к вопросу: размножаются ли куры путем откладывания яиц либо же яйца размножаются путем вылупа куриц?

* * *

Просыпается, значит, чабан и видит, что потерял всю отару овец. Как раз мимо проходил его сосед, ну и говорит чабан соседу:

— Слишишь, дарагой, не видель ли ти мои овца?

— Канэчно, дарагой: вон в той долине пасутся они...

Чабан бегом туда и... О небо! Все овцы целы и невредимы. Возвращается он с отарой, догоняет соседа и говорит своему спасителю:

— Ай да маладэц! Давай я тебэ дам одна овца!..

— Ай ну нэ надо, кацо, ми же сасэди...

— Ну давай два овца...

— Слушай, зачэм, спасибо скажи и ладно будет.

— Ну ти савсэм жадный стал. Хочешь три?

Долго они спорили и вдруг видят всадника. Останавливают они его и просят рассудить.

— Джигит, вот скажи, что нам делат. Я потерял овец, он их нашел, я хочу отблагодарить его, даю ему одну, а он нэ хочет. Я ему дарю две — он нэ хочет, три — тоже нэ хочет...

Смотрит джигит на них, слушает и прищуривается:

— Ви, наверно, хотите свистнуть у меня коня, да...

* * *

Нью-йоркская семья купила себе ранчо на Западе, чтобы заняться животноводством. Приехавшие в гости друзья спросили, есть ли у ранчо название.

— Ну, — отвечает хозяин, — я собирался назвать его «Бар-Джей». Моей жене нравилось название «Сюзи-Кью», одному сыну хотелось назвать «Флайинг-Дабл’ю», а другому — «Лейзи-Уай». Поэтому мы и решили назвать ранчо «Бар-Джей-Сюзи-Кью-Флайинг-Дабл’ю-Лейзи-Уай».

— Но где же ваш скот? — спросили друзья.

— Не выжил после клеймения.

* * *

Девиз танкистов: «Броня крепка и танки наши быстры!»

Девиз летчиков: «Все выше, и выше, и выше...»

Девиз воинов ПВО: «Сами не летаем и другим не даем!»

* * *

Звонок в офис коммерсанта:

— Или ты заплатишь мне 100 тысяч баксов, или я взорву твою машину, или сожгу дачу, а лучше изнасилую и покалечу твою жену, или же отравлю собаку и изнасилую твою дочь, или…

— Мужик, ты сначала реши, чего ты конкретно хочешь, а потом будешь отвлекать делового человека!

* * *

Конец рабочего дня. Уставший гаишник тормозит машину:

— Здравствуйте! Старший лейтенант Петров. Предъявите, пожалуйста, ваши деньги!

* * *

В армии старшина проходящему мимо солдату:

— Рядовой Бельдыев, а ну-ка вернитесь и поприветствуйте меня как положено!

Тот делает три шага назад, потом разворачивается и, широко раскинув руки, говорит:

— Ай, братишка, сколько лет, сколько зим!..

* * *

Хороший поступок совершил московский пенсионер Семенов. Семенов нашел чемодан с миллионом долларов, но не забрал его себе, как сделали бы на его месте плохие пенсионеры, а сдал в стол находок, откуда чемодан перешел к законному владельцу — лидеру солнцевской группировки. Теперь Семенов должен солнцевским только 20 тысяч долларов — это проценты, набежавшие за то время, пока чемодан был у него в руках…

* * *

Из милицейского протокола:

«Вначале обвиняемый упорно молчал, а затем неожиданно все свои показания стал упорно отрицать...»

* * *

Тренер сборной Израиля по настольному теннису выступает перед журналистами на пресс-конференции:

— Вчера, после полугодового перерыва, наша команда возобновила-таки тренировки.

Вопрос из зала:

— Значит, вы все-таки нашли потерянный тогда шарик?

* * *

Карманника-рецидивиста сбил на улице мотоцикл и умчался с места происшествия. К пострадавшему подъезжает милиционер.

— Вы запомнили его номер?

— Нет, — хрипит пострадавший, — но вот его бумажник.

* * *

Едет машина, за рулем — дракон. Его останавливает гаишник, смотрит, одурманенный, и говорит:

— А ну, дыхни!

* * *

— Вы знаете, человеческий мозг использует только треть своих возможностей!

— Хм, а что делает другая треть?

* * *

Нового русского отправил на тот свет киллер. Ведут его по раю, показывают апартаменты, где ему жить, а ему все не нравится: то унитаз не позолочен, то кровать узкая. Надоело все это архангелу, он ему и говорит:

— Не нравится тебе такое жилье, строй сам.

— Нет проблем! — говорит новый русский.

Достает мобильник, звонит и говорит:

— Слышь, Вась, это я, Вован, с того света звоню. Там строители мою виллу достроили, так срочно найди того киллера, что меня замочил, пусть он перебросит их ко мне на новый объект, а то мне тут жить негде...

* * *

Чтобы рассчитаться с внешним долгом, украинское правительство решило продавать автомобили «Таврия» во Вьетнам. Вьетнамцы используют их как микроавтобусы...

* * *

На футбольном матче:

— Мальчик, а ты где же деньги на такой дорогой билет взял?

— Отец купил...
— А где он сам?
— Дома, билет ищет...

* * *

Захожу в комнату. Смотрю — лежит пыль на диване, лежит пыль на тумбочке, лежит пыль на телевизоре... Вот я стою и думаю: «Пойду-ка и я полежу...»

* * *

Встречаются на том свете курильщик, алкоголик и наркоман. Курильщик говорит: «Я умер в страшных мучениях — у меня сгорели легкие». Алкоголик говорит: «Я умер в очень страшных мучениях — у меня сгорела печень». А наркоман думает: «Во, вставило! Уже и мертвяки заговорили...»

* * *

— Алло! Это скорая?!
— Нет! Вы ошиблись!
— А-а-а! Извините, пожалуйста!
— Да ничего! Бывает!
— Нет, правда, извините! Понимаете, у меня теща умирает, счет идет буквально на секунды, вот я второпях, видимо, и ошибся. Но вы, честно, не обижаетесь? Правда-правда? Нет, все-таки, наверно, обижаетесь? У вас голос какой-то расстроенный. Нет? Честно, нет? Честно-пречестно?! Ну ладно. До свидания. Еще раз извините. Не обижайтесь...

* * *

Заблудились в лесу Петька и Чапаев. Долго бродили, искали дорогу. Первым не выдержал Петька — упал на землю умирать. Вдруг слышит чавканье, поднимает голову и видит, что Чапай ягоды ест.

— Василий Иванович, это же волчьи ягоды!

— Да пошел он на фиг, этот волчара: он себе другие найдет...

* * *

В жизни каждого человека может наступить момент, когда любая бумага становится ценной.

* * *

— Что у тебя нового?

— Жена сгорела во время пожара.

— Какое горе! И никак нельзя было спасти?

— Да она так сладко спала...

* * *

Стоит милиционер, мимо проезжает «Фольксваген-Гольф». Вдруг милиционер резко машет водителю жезлом, оглушительно свистит и выхватывает пистолет. Водитель сразу по тормозам, чуть не вылетает через лобовое стекло, выходит весь бледный, на ватных ногах:

— Что такое?

— Да ничего. (Задумчиво глядя на машину.) Я вот хочу тоже «Гольф» купить — да чего-то говорят, что у него тормоза слабые...

53

* * *

Учительница спрашивает Вовочку:
— Вовочка, ты почему уроки не сделал?
— Работал я, Мариванна. Мерседесы мыл.
— Как я тебе сочувствую, Вовочка...
— Эх, Мариванна, раз накупил я Мерседесов, то куда ж теперь денешься?

* * *

На ринге стоят два боксера, один из них разговаривает с мамой.
— По животу бить можно?
— Можно, сыночек, можно.
— А по голове бить можно?
— Можно, сыночек, можно.
— И по печени бить можно?
— Можно, сыночек, можно.
— Так он же меня убьет!

* * *

— Человеческий организм на 80 % состоит из жидкости. А в вашем случае — в ней 50 % тормозной...

* * *

— Дорогие дети! Сегодня в программе «Красный, желтый, зеленый» я расскажу о том, как индеец и китаец нашли утопленника...

Один приятель другому:

— Ты знаешь, я, когда в командировку последний раз уезжал, в шкафу капкан на медведя оставил. Представляешь: приезжаю и сразу к шкафу бегу, смотрю — сидит красавец!

— Кто? Любовник?

— Да нет... Медведь!

* * *

К мужику на вокзале подбегает цыганка:

— Драгоценный мой, дай руку, погадаю, все скажу, что будет, что было.

Мужик пожимает плечами, протягивает руку:

— Ну, погадай.

Цыганка некоторое время смотрит на ладонь, потом в ужасе кричит:

— Страшной смертью помрешь! Зарежут тебя, сдерут шкуру, четвертуют, зажарят и съедят!

— Ах да, я ж перчатку не снял...

* * *

«В США снова увеличилось число безработных», — передает из Нью-Йорка наш бывший корреспондент.

* * *

Идет мужик по улице. Тут к нему сзади подскакивает кто-то, сует нож между ребер и говорит:

— Гони деньги!

Мужик (растерянно):

— Нет у меня денег.

— Тогда часы снимай!

— И часов нету.

Незнакомец прыгает мужику на плечи:

— Ну, тогда хоть до угла довези!

* * *

— Ну, когда ты уже на даче в туалете двери поставишь?

— А что там воровать-то?

* * *

— Дайте, пожалуйста, рулон туалетной бумаги.

— Вам какого цвета?

— Давайте белого, я ее сам раскрашу.

* * *

Новейшие исследования показывают, что если лизать лягушачий пот, то можно излечить депрессию. Только вот когда вы прекращаете его слизывать, у лягушки снова начнется депрессия.

* * *

По пляжу бродит здоровенный детина, а за ним, как приклеенный, ходит маленький хилый мужичонка. Наконец детина не выдерживает, оборачивается и хватает мужичонку за горло:

— Говори, падла, кто тебя послал меня пасти? Косой? Валет? Кто?

— Что вы, я же просто от солнышка прячусь!

* * *

— А у нас хорошо — разбежишься, прыгнешь со скалы в море — бабах!

— Ты хотел сказать — бултых?

— Ну, когда прилив, тогда бултых...

* * *

Полярная ночь. Тундра. Северное сияние. Едут нарты. В упряжке двое чукчей. На нартах сидят собаки, стреляют из ружей, воют и лают, кто во что горазд. Один чукча говорит другому:

— Это была твоя идея собакам водки дать!

* * *

Один предприниматель говорит другому:

— Ну, что это за продавцы!? Ничего толком продать не могут. Вот у меня был друг — продавец Рабинович... И что ты думаешь, он не только умудрился продать доильный аппарат фермеру, у которого была всего лишь одна корова, но и взял эту корову в залог до полной выплаты рассрочки...

* * *

Лектор легко выделил глубоко усвоенную и хорошо переваренную мысль, отчего вокруг распространился дух творчества.

* * *

Говорят, что первым экономистом был Колумб. Когда он отправился открывать Америку, то не знал, куда направляться. Когда ее достиг, то не знал, где находился. И все это он сделал на государственные средства.

* * *

Кое у кого из рабочих вошло в привычку не возвращаться на рабочее место после гудка, означавшего конец обеденного перерыва. Разгневанный бригадир попросил всех написать свои предложения о том, как можно решить эту проблему, и опустить их в специальный ящик.

На следующий день, открыв ящик, бригадир обнаружил один единственный листок: «Пусть тот, кто последний возвращается с обеда, дает гудок».

* * *

В одном месте жил очень злопамятный мальчик. И как-то раз его за это сильно ударили палкой по голове. После этого мальчик стал помнить только добро, да и то плохо.

* * *

На полевых учениях сержант дает команду:
— Обходим противника с флангов. Половина отделения — слева, половина — справа. Остальные — за мной!

* * *

— Говорите ли вы по-английски?
— Только со словарем. С людьми пока стесняюсь.

* * *

Объявление в похоронном бюро: «Если Вы похороните с нами девять своих родственников, то десятого мы похороним бесплатно».

* * *

Душа в раю смеется до слез. Апостол Петр спрашивает, что ее так развеселило.
— Да я уже час как здесь, а врачи в операционной меня все еще оперируют!

* * *

— Я помню, как меня в первом классе мама в школу привела и как с выпускного папа унес...

* * *

Ученик телефонного мастера возвращается домой очень расстроенный.
— Конфликт с мастером? — заботливо спрашивает мама.
— Да. Он почему-то просто рассвирепел, когда я спросил: «Из чего растут телеграфные столбы, из семян или из саженцев?»

* * *

Профессор обращается к студенту:
— Ты почему пропустил лекцию?
— Болел.
— Справку давай.
— На стадионе справок не выписывают.

* * *

Мужик убил своего брата-близнеца. Когда у него на суде спросили, почему он это сделал, он ответил, что хотел покончить жизнь самоубийством, но перепутал.

* * *

В город приехал цирк Шапито. И директор цирка на сцене между номерами рассказывает горожанам про слонов:
— Слон — необычайно сильное и умное животное. Когда надо работать, то слоны принимают живейшее участие и каждый слон работает за двадцать человек!
Голос из зала:
— И что, по-вашему, это от большого ума?

* * *

Диалог жены и мужа:
— Дорогой, что ты будешь делать, если я умру?
— Похороню.
— А потом?
— Ну... не знаю. Надеюсь, меня оправдают.

* * *

— Ну и как ты себя чувствовал во время первого парашютного прыжка?
— Как птица: лечу и гажу, лечу и гажу.

* * *

— Говорят, ваш сын устроился на работу?
— Ага, забойщиком скота.
— Ну и как, нравится?
— Еще бы! Он же с детства любил со зверушками возиться...

* * *

Поспорили русские с американцами, у кого армия круче. Ну, решили высадить лучшие подразделения на остров: кто выживет, тот и победил. А у русских все лучшие в Чечне воюют, остальные или миротворцы, или на объектах, или новобранцы. Ну, делать нечего, решили высадить зеков. Высаживаются, значит, «зеленые береты» и зеки на острове, а командование их на полянке ждет. Через некоторое время на полянку выползает окровавленный «зеленый берет», к нему подбегают американские генералы и спрашивают:
— Ну что? Мы победили?
— Нет, пока только за козлов ответили.

* * *

Одна пара постоянно ругалась между собой, и жена всегда заканчивала ругань такими словами:

— Когда ты отбросишь коньки, ох и попляшу я на твоей могиле!

Когда муж на самом деле умер и вскрыли его завещание, первым пунктом стояло: «Похороните меня на дне морском!»

* * *

На пустыре бандитская «стрелка» — все заставлено джипами. К ним подруливает милицейская машина, из которой выходит мент.

— Так, что здесь происходит?!

В ответ стоящий рядом бандюга сует ему 100 баксов и говорит:

— А теперь вали отсюда!

Мент возвращается в машину и приговаривает:

— Все секреты, секреты...

* * *

— Знаете, когда я читаю любую медицинскую книгу, я начинаю постепенно ощущать в себе все болезни, которые там описаны.

— Надо же, у меня то же самое с уголовным кодексом: когда я его перелистываю, то на каждой странице вижу себя за решеткой.

* * *

Вовочка пришел в школу очень бледный.

— Ты заболел? — спросил учитель.

— Нет, меня сегодня мама вымыла.

* * *

Объявление: «Курсы бухгалтеров. Обучим. Трудоустроим. Подставим. Посадим».

* * *

— Отчего ты такой грустный?
— Да полистал одну книжку с мрачным финалом.
— Какую?
— Мою сберегательную.

* * *

Учительница пришла в класс, надев золотой кулон, изображающий самолетик. Во время урока Вовочка, не отрываясь, смотрит на этот кулон. Наконец учительница не выдерживает и спрашивает:
— Вовочка, тебе что, самолетик нравится?
— Нет, аэродромик!

* * *

Стояли два мальчика на улице, один — хороший, другой — плохой, и плевались друг в друга. Плохой попал в хорошего четыре раза, а хороший в плохого — девять раз... Мимо проходил прохожий и, увидев их, стал наставлять детей, что плеваться некрасиво. Тогда ребята начали плеваться в прохожего. Плохой отрок попал семь раз, а хороший — двенадцать... Добро — оно всегда побеждает...

Парень приходит к врачу. Тот его обследует, а потом выдает ему три упаковки таблеток:

— Вот эти — синие съедайте по одной перед завтраком и запивайте как можно большим количеством воды. Зеленую таблетку принимайте перед обедом и тоже запивайте большим количеством воды. Одну красную принимайте перед ужином и опять запивайте большим количеством воды.

— Доктор, у меня что-то серьезное?

— У вас обезвоживание организма.

* * *

— Иной раз выходит лучше, чем задумаешь, — заметил муж, бросив туфлю в кота, а попав в жену.

* * *

Мы все стоим у черты бедности... Правда, по разные ее стороны.

* * *

Разговаривают два бармена. Один:

— Ко мне вчера зашел известный певец, взял чашечку кофе, кинул на стол 100 баксов, посидел немного и свалил.

Другой:

— А ко мне вчера зашел новый русский, взял чашечку кофе, кинул на стол 100 баксов и вышел, а потом вернулся с братвой и взял у меня 500 баксов за то, что я украл со стола его деньги.

* * *

Что вам не следует говорить, если вы за рулем, а пассажир в салоне очень нервный:

— Опять тормоз барахлит.

— Странно, руль кручу в одну сторону, а машина сворачивает в другую.

— Не надо было столько водки пить за завтраком.

— Я одного милиционера сейчас сбил или обоих?

— О! Опять машины стали раздваиваться!

— Так красиво по сторонам, что даже вперед смотреть не хочется.

— Подержи руль, пока я посплю.

— Опять глючит!

— Слышишь музыку? Нет?! Как нет?!

— Почему деревья растут посреди шоссе?

— Ну что, полетаем?

Если вы все-таки сказали что-нибудь экстремальное, то не удивляйтесь, когда вам в волосы вцепятся пять пар пальцев, а в машине поднимется дикий вой.

* * *

— Ты слышал, Андрюху исключили из секции альпинизма?

— За что?

— Представляешь, кто-то его подловил на том, что он поднимался на шестой этаж лифтом!

* * *

— Слушай, почему ты всю ночь по крыше ходишь, ты лунатик, да?

— Нет, проверяю, не поехала ли она.

* * *

На одной из выставок художников-авангардистов корреспондент спрашивает одного из авторов, стоя перед его картиной, где намалевано непонятно что:

— Скажите, пожалуйста, что вы хотели сказать этой картиной?

Автор долго думал и ответил:

— После моей смерти специалисты разберутся.

* * *

Разговаривают два мужика.

— Генетика, Мендель, наследственность — ерунда все это. Вот мой прадед, к примеру, был алкоголик. Мой дед был алкоголик. Мой отец был алкоголик. А я — нет!

— Да ну?!

— Конечно. Я — наркоман.

* * *

Группа мужчин завела разговор о здоровье.

— Я ни дня не болел, и это потому, что вел простой, размеренный образ жизни, — поделился один из них. — В возрасте от 20 до 40 лет я ежедневно ложился спать в 9, а вставал в 6 утра. С 8 до 5 я работал, обедал, причем ел незатейливую пищу, а потом час занимался спортом...

— Извините, — прервал его другой, — а за что вы сидели?

* * *

Дачник, перегнувшись через забор, спрашивает соседа:

— А что у вас вчера за праздник был? Все так танцевали...

Сосед:

— Да дед наш, будь он неладен, улей перевернул...

* * *

Коллега по работе спрашивает у жениха:

— У тебя есть фотографии твоей невесты в голом виде?

— Конечно, нет!

— Хочешь несколько?

* * *

Молоток кусачкам в обеденный перерыв:

— Ты сбегай пока что-нибудь перекусить, а я пойду козла забью.

* * *

На работе всегда выкладывайтесь на 100 %: 12 % в понедельник, 23 % во вторник, 40 % в среду, 20 % в четверг и 5 % в пятницу!

И помните: если босс на вас наезжает, то вам нужно напрячь 42 мышцы, чтобы нахмуриться, и только 4, чтобы распрямить средний палец!

* * *

Подпись под фотографией: «Слева направо. Сидят: Саша Турецкий (5 лет), Осик Одесский (4 года) и Миша Лабуда (3 года строгого режима). Стоят конвоиры».

* * *

У одного мужика под окнами стояла плохонькая иномарка. Как-то раз выходит он на улицу к машине, а на боку нацарапано: «Мужик, покрась машину!» Он решил: «И правда, давно пора покрасить-то». Поехал в автосервис, сделал все как надо. Машинка хорошенькая, блестящая. Наутро выходит к своей «ласточке», а на боку нацарапано: «Вот теперь другое дело!»

* * *

Самолет готовится к взлету. Возле окна сидит щупленький очкарик. Рядом садится такой под 100 кило бритый амбал, со злой рожей.

Самолет взлетает, и амбал засыпает. Вдруг очкарика стало тошнить, а он боится разбудить громилу, чтобы не получить по ушам. Мучился он, мучился, и тут самолет попадает в воздушную яму. Очкарик — «бе-е» и выплеснул содержимое желудка на громилу. Сидит ни жив ни мертв. Амбал вскоре проснулся от вони и поглядел на блевотину.

Очкарик:

— Ну, слава богу! Надеюсь, вам уже лучше?!

* * *

Едет мужик на тракторе по берегу реки, видит — стоит посреди реки девушка по колено в воде.

— Что вы там стоите?

— Да вот, машина застряла.

— Ну и где она?

— Да вот же, я на ее крыше и стою...

* * *

Умирал старый отец и решил поделить все свое состояние между тремя своими сыновьями.

— Не поня-а-ал! — сказал четвертый сын.

И это еще ничего. Пятый вообще ничего не знал.

* * *

Женатая пара едет по загородному шоссе. Никуда не торопится, скорость — километров 60. Муж за рулем. Жена, сидя справа, поворачивается к нему и говорит:

— Дорогой, мы женаты вот уже 15 лет, но сегодня я решила сказать тебе, что хочу развода.

Муж ничего не отвечает, только постепенно увеличивает скорость до 70 километров.

— И я не хочу, чтобы ты меня отговаривал: это уже решено. Я сплю с твоим лучшим другом.

Опять муж ничего не отвечает, но увеличивает скорость до 80 километров в час.

— Я забираю у тебя наш дом.

Муж едет со скоростью 90.

— И детей.

Теперь на спидометре уже 100 километров.

— А также все твои деньги и машину.

Муж молчит, только постепенно начинает направлять машину к опоре ближайшего моста на дороге.

— А тебе что-нибудь нужно? — спрашивает жена.

— Нет, у меня есть все, что нужно, — наконец отвечает муж.

— И что же?

И за секунду до того, как машина ударилась о бетонную стенку, он отвечает:

— Подушка безопасности.

* * *

Два кума после обильнейшего ужина. Один говорит:

— Во наелся, даже шевелиться тяжело.

— Ты че, не знаешь народного средства? Зайди за угол, два пальца в рот...

— Ха, если бы мне в рот влезло еще два пальца, то я б еще банан съел...

* * *

В магазине:

— Мальчик, а ты уверен, что тебе сказали купить именно 4 кг конфет и 300 г картошки?

* * *

Едет папа с маленькой дочкой на машине. Вдруг папаша нечаянно нажал на клаксон:

— Ой, доча, это я случайно!

— Я знаю, папа!

— Откуда ты знаешь?

— А ты не крикнул: «Дурак, куда тебя несет!»

* * *

Учитель спрашивает ученика:

— Когда умер Александр Македонский?

— Умер? Я даже не знал, что он болел.

* * *

— О, что я вижу?! У вас уже есть новая стодолларовая банкнота?!

— Да, теперь это моя любимая бумажка. В меру зеленая, с портретом президента Франклина, новыми степенями защиты... Невероятно, но это правда.

— А вы согласитесь обменять свою стодолларовую банкноту на два рубля?

— Нет!

— А на четыре?

— Нет!

— А на тысячу?

— Молодой человек, вы что, рехнулись: вы знаете, какой нынче курс?

— Ну, можно ее хоть потрогать?

Забегает в банк мужик с пистолетом, подскакивает к кассирше:

— Деньги быстро!

— А ты кто такой?

— Я? Я — Али Баба и сорок разбойников.

— А почему один?

— А я концентрат!

* * *

Разговор двух англичан:

— Куда идешь?

— Домой, — показывает направление взмахом руки.

— Значит, к морю?

— Почему это к морю?!

— А здесь все в сторону моря. Чертов остров!

* * *

Подтяни живот, зараза, задыхаюсь... Твой пейджер...

* * *

Укололась однажды царевна веретеном. Очень ей это понравилось. Она снова укололась веретеном. И дала она брату своему уколоться веретеном. И брату тоже понравилось колоться веретеном. И дал он попробовать всему царству уколоться веретеном. И всему царству понравилось веретено. И все начали колоться веретеном... И жили они долго и счастливо и умерли в один день... От передозировки веретена...

* * *

Что такое «ЧистоТа»? Это «Да» по-новоэстонски...

* * *

Самолет заходит на посадку. Стюардесса ходит по салону и раздает всем жевательную резинку. Подходит стюардесса к старушке и говорит ей:

— Возьмите: это чтобы во время посадки не гудело в ушах.

Самолет сел. Старушка подходит к стюардессе и говорит ей:

— Милая, а кто же мне теперь эту дрянь из ушей вытащит?

* * *

Новый русский на крутой мощнейшей тачке заезжает на бензоколонку и начинает заправляться. Час льет бензин, два — бак не наполняется. Подходит к раздаче и спрашивает:

— Что такое: второй час лью бензин, а все не наливается?

А ему в ответ:

— Так вы двигатель-то выключите!

* * *

— Папа, я хочу быть патологоанатом.
— Только через мой труп.

* * *

На автогонках в Эстонии русский журналист спрашивает известного эстонского гонщика:

— Скажите, а почему ваши гонщики такие быстрые? Только за этот заезд в поворот не вписалось уже восемь гонщиков!

Гонщик (с заторможенным эстонским акцентом):

— Понимаете, мы не успеваем перед поворотом убрать ногу с педали газа...

* * *

Человека сбила машина. Собралась толпа. Одна женщина наклонилась над пострадавшим. В это время ее оттолкнул какой-то чувак со словами:

— Отойдите все. На курсах вождения мы проходили, как оказывать первую помощь!

С этими словами он пощупал пульс, потом посмотрел в зрачки, потом наклонился, чтобы послушать дыхание...

Женщина:

— Когда дойдете до пункта «вызовите врача», я уже здесь!

* * *

Как-то попал новый русский на «Поле чудес». И выпал ему сектор «приз». Выносят в студию черный ящик, и Якубович начинает торговаться.

— Не хочу я ни денег, ни приза, — говорит новый русский. — Я лучше в микрофон свистну.

Берет новый русский микрофон и свистит.

— Вы только что просвистели ВАЗ-2110! — объявляет ведущий и вынимает из ящика ключи от автомобиля.

— А на кой мне твой драндулет, — говорит новый русский. — Я вот вчера поспорил с Вованом на 600-й Мерс, что на всю страну свистну.

* * *

— Девушка, подарите мне свою фотографию!
— А зачем вам? (Кокетливо.)
— А я ее на сервант поставлю, чтобы дети боялись за конфетами лазить.

* * *

Два соседа встречаются на лестничной площадке.
— Как дела, Коля?
— Да хреново, все время в боку колет.
— Покажи, где.
— Здесь.
— Это почки.
— А ты что, врачом работаешь?
— Нет, милиционером.

* * *

Сидят два братка за столом в ресторане, один другому и говорит:
— Люблю, когда цветы на столе стоят.
— Ты че, вегетарианец?!

* * *

В похоронах дедушки Ленина дети не участвовали. Было холодно, и он боялся, что они простудятся.

* * *

В библиотеке:
— Где я могу найти книги о самоубийствах?
— На пятой полке слева.
— Но там нет ни одной книги...
— Да, их никто и не возвращает...

* * *

— Дети, кто разбил окно?
Молчание.
— Дети, кто разбил окно?
Молчание.
— Я в последний раз спрашиваю, кто разбил окно?
— Да ладно, Марь Ивановна, чего там. Спрашивайте уж и в четвертый раз.

* * *

В институте идут экзамены. На лестнице сидит девушка и что-то напряженно зубрит. Мимо нее проходит панк. Поравнявшись с ней, останавливается, медленно вглядывается в книгу и так же медленно, с умным видом говорит:
— А-а-а, алгебра. Знаю, знаю — ее убьют в конце.

* * *

— Доктор, вы удаляете зубы без боли?
— Не всегда. На днях я чуть было не вывихнул себе руку...

* * *

Раз в месяц я получаю зарплату. Я иду к врачу и плачу ему 100 долларов — доктор хочет жить. Он выписывает рецепт, я иду в аптеку и покупаю таблеток на 100 долларов — аптекарь тоже хочет жить. Потом я прихожу домой и выбрасываю таблетки в унитаз — я тоже хочу жить.

* * *

Подходит один кавказец к ларьку, где продают воду, и спрашивает продавщицу:
— У вас воды есть?
— Не воды, а вода.
— Ну, налей стакан вода.
— Не вода, а воды.
— Ты что здесь грамматиком торгуешь или водом?

* * *

Приходит чукча с сыном к врачу и говорит:
— Доктор, мой сын ничего не ест: ни масла, ни мяса, ни хлеба.
— Почему?
— Нету.

* * *

Зоопарк. К клетке с волком подходит мужик, оглядывается и тихонько спрашивает волка:

— Не узнаешь, товарищ? Я из Тамбова...

* * *

Из русских наблюдений: «Улыбаясь, вы делаете свои зубы беззащитными».

* * *

Никто меня, несчастного, не любит... Только женщины, старики и дети.

* * *

Матрос говорит коку:

— Что-то мне твои макароны по-флотски поперек горла встали.

— А что ж ты их поперек-то ел! Я их вдоль варил.

* * *

Звонок бизнесмену. Тот берет трубку. Оттуда слышен неприятный голос:

— Ты покойник!

— Да нет: вроде, живой еще.

— Ой, извините, пожалуйста — кажется, мои часы немного спешат...

* * *

Внук спрашивает:
— Деда, а как ты на войне партизанил?
— Ну, сижу я, значит, в кустах...
— Фашистский поезд ждешь?
— Ну... Одно другому не мешает!

* * *

По цеху пробегает рабочий с пустой тачкой. Через несколько минут он возвращается обратно, также с пустой тачкой.
— Стой! — кричит ему мастер. — Почему тачка пустая?
Рабочий отвечает:
— Такой план спустили — загружаться не успеваю!

* * *

— Почему арбитр Левников не назначил пенальти за снос игрока ЦСКА в штрафной «Локомотива»?
— Он собирался, но внутренний голос сказал ему: «Не свисти, денег не будет...»

* * *

— В чем разница между ослом и ишаком?
— Осел — это ученая степень, а ишак — должность.

* * *

На уроке пения идет обсуждение песни «Бабушка козлика очень любила».

Учительница просит назвать ноты. Тут Вовочка тянет руку. Учительница спрашивает:

— Ты что, Вова, можешь назвать ноты?

— Да на фига мне эти ноты! Бабушка-то зоофил!

* * *

— Говорят, что в Лондоне самые густые туманы в мире

— Это что! Я был в одном городе, где туманы намного гуще, чем в Лондоне.

— В каком это?

— Не знаю, не удалось разглядеть...

* * *

Игроки сборной России по хоккею поздравляют своего тренера с днем рождения.

— Лучшим подарком для меня будут ваши победы.

— Поздно. Мы уже купили вам галстук.

* * *

— Как вы убили свою жену?

— Она мне сказала, что я и пальцем для нее не пошевелю. В это время я держал пистолет. Ну... и доказал ей обратное.

* * *

Компьютерщик, любитель животных, приводит к себе домой девушку. Показывает ей в прихожей половичок и говорит:

— Тут у меня собачка живет.

Показывает клетку:

— А здесь хомячок.

Показывает аквариум:

— Здесь рыбки.

Потом показывает на дискету и говорит:

— А здесь у меня живут вирусы.

* * *

Гаишники приехали по вызову на место ДТП и увидели перевернувшуюся машину, возле которой нервно курила расфуфыренная девица.

— Ну и как же это произошло? — спрашивают. Она:

— Ну, еду я, никого не трогаю, вдруг вижу — елка. Я направо, а там тоже елка, я налево — опять елка, я направо — елка, я налево — снова елка... Ну и перевернулась, блин.

Гаишник:

— Да ты что?! Тут деревьев в радиусе 10 километров нет!

Она:

— А я видела!

Тут второй Гаишник осмотрел ее машину и кричит:

— Дура, это ж у тебя освежитель воздуха на зеркале болтается!..

* * *

Налоговый инспектор спрашивает у Рабиновича:

— Как вы, торгуя газированной водой, построили себе трехэтажный особняк?

— Господин налоговый инспектор, если наше государство построило гигантские электростанции на простой воде, почему я не могу построить маленький домик на газированной?

* * *

В музее гид объясняет:

— Вот это сын фараона, это жена фараона, это брат фараона, а это мумия фараона.

— А мумия — она кем фараону приходится?

* * *

Объявление: «В районе железнодорожного вокзала зарегистрирован подземный толчок. Вход платный».

* * *

Часовой на посту. Шорох в кустах.

— Стой, кто идет!

— Стою.

Через полчаса. Часовой:

— Эй, слышь, постой пока, а я за сигаретами сбегаю.

* * *

— Какая разница между молящимися в церкви и в казино?

— Те, что в казино, делают это намно-о-о-ого искреннее.

* * *

К счастью, нашей команды не было среди тех, кто позорно вылетел в четвертьфиналах; нас не было среди тех, кто облажался в полуфиналах; к счастью, мы не слиняли в финале! Но вот что странно — почему мы не выиграли этот турнир? Где же мы были?

* * *

П. И. Чайковский, Фредди Меркури, Джордж Майкл, Элтон Джон, Сергей Пенкин, Борис Моисеев... Вы все еще хотите отправить вашего ребенка в музыкальное училище?

* * *

Мужик пришел в парикмахерскую побриться. Парикмахер заметил, что у мужика слишком впалые щеки, а это затрудняет бритье, и достал из стола небольшой деревянный шарик:

— Засуньте его за щеку.

Мужик размещает шарик во рту, и парикмахер быстро и ловко начинает бритье. Вдруг с кресла раздается:

— А шоо, ешли я пгохлочу ехо?

— Никаких проблем! — отвечает парикмахер. — Только принесите его завтра назад — впалые щеки не только у вас! Да и не вы первый проглатываете этот шарик...

* * *

— Ты знаешь, почему телевидение никогда не сможет заменить газету?
— Нет, а почему?
— Попробуй заснуть, прикрыв лицо телевизором...

* * *

— В детстве я мечтал быть дворником, но, когда вырос, понял, что буду очень глупо смотреться на лобовом стекле автомобиля...

* * *

Я решил жить вечно. Пока все идет хорошо.

* * *

Придя в трапезную на обед, слушатели духовной семинарии над блюдом с яблоками увидели плакат:
«Бери только одно яблоко. Бог следит за тобой».
На другом конце стола стоял большой поднос с печеньем, над которым кто-то прикрепил записку:
«Тащи печенья, сколько хошь, пока Господь следит за яблоками».

* * *

Маленький мальчик оказался в церкви, построенной в честь павших воинов, на стенах которой было множество барельефов и надписей в память о солдатах. Мальчик спрашивает у священника:

— А что там написано?

— Ну, сын мой, это в память о тех, кто погиб на службе.

Мальчик, с опаской:

— На утренней или на вечерней?

* * *

— Мне нравится вон тот бегун с красным шарфиком вокруг шеи...

— Это не шарфик — это язык.

* * *

Дочери нового русского в школе велели написать рассказ про бедную семью. Она начала так: «Жила одна бедная семья, их прислуга была еще беднее, ну а шофер был совсем беден».

* * *

Воспитанный британский лорд не спеша прогуливается по Иерусалиму и видит сидящего пса.

How do you do? — обращается он к собаке.

I do How How, — отвечает пес...

* * *

Книжные новинки: Иван Сусанин — «Как завести друзей».

* * *

В психбольнице пациенты смотрят программу теленовостей. Один из них после каждого сюжета хлопает себя по коленкам и радостно восклицает:

— Хорошо, что я в психушке!

— Этого пора выписывать, — говорит один врач другому, — явно выздоровел...

* * *

Летит самолет. Вдруг один двигатель отключился. Через некоторое время из кабины пилотов выходит весь экипаж с парашютами. Командир:

— Господа! Ничего страшного не случилось! Небольшая поломка. Подождите немного, мы — за помощью!

* * *

Разговаривают два льва в саванне:

— Надоели эти новые русские — гоняют тут на джипах, пьют, матерятся.

— Угу, — соглашается второй. — А еще потом телефон сотовый в животе звонит через каждую минуту.

* * *

— Официант! У меня в супе плавает слуховой аппарат!

— Что, простите?

* * *

Два рыбака рассказывают:

— Я однажды такую рыбу поймал, что даже не хватило шкалы весов, чтобы ее взвесить.

— А я такую, что одна ее фотография весила 2 килограмма!

* * *

Возвращается королевич Елисей домой весь побитый, покалеченный, в бинтах. Отец ему и говорит:

— Я ж тебя не со Змеем Горынычем посылал биться, а за невестой. Все ж тебе объяснил — в пещере гроб хрустальный, там твоя невеста, поцелуешь, она и оживет!

Елисей:

— А что ж ты, батя, не рассказал, как ведут себя зомби, когда их из гроба поднимают!

* * *

Маленький мальчик пришел в обувной магазин и попросил шнурки для ботинок.

— Тебе какие? — спросила продавщица.

— Один левый и один правый.

* * *

— Официант! И это вы называете «крепким кофе»?!

— Конечно, иначе бы вы так не возбудились!

* * *

Больной после инфаркта спрашивает у своего доктора:

— Доктор, а можно мне закурить?

— Ну, если это ваше последнее желание...

* * *

Пьяный мужик лежит на полу в автобусе. Через него все перешагивают. На остановке входит старушка и, дойдя до мужика, наклоняется над ним и орет:

— Ишь, развалился!.. Хоть бы старому человеку место уступил!

* * *

Переизбрали на второй срок главу района. По этому поводу был устроен банкет в кругу соратников. И в порыве благодарности к переизбравшему его электорату, глава района произнес:

— Ну что, товарищи? У каждого из нас есть особнячок, участочек, иномарка. Теперь пора и о народе подумать!

Раздались аплодисменты. После аплодисментов прозвучал голос:

— Вы совершенно правы, Иван Иваныч! Ну,

хотя бы душ по десять... Чтобы за особнячком и за участочком смотрели...

* * *

В конце концов Рабинович решил сходить к раввину и посоветоваться:

— Ребе, происходит нечто ужасное, и я должен с вами посоветоваться.

— В чем дело? — спросил раввин.

— Моя жена добавляет мне в пищу яд.

Удивленный раввин:

— Неужели?! А вы уверены в этом?

— Я точно знаю, — удрученно ответил Рабинович. — Я проследил и видел все собственными глазами.

— Ну что ж, — сказал ребе, — я поговорю с ней, и тогда мы снова встретимся.

Через неделю он звонит Рабиновичу:

— Я таки говорил с вашей женой. Три часа по телефону. Хотите мой совет?

— Да, разумеется.

— Продолжайте принимать яд...

* * *

Берлинец, приехав в Вену, заблудился и решил обратиться к кому-нибудь за помощью. Он схватил за грудки проходившего мимо ве́нца и рявкнул:

— Почта! Где тут почта?

Перепуганный ве́нец вежливо, но твердо освободился от хватки гостя и ответил:

— Уважаемый господин, разве не культурнее

было бы обратиться ко мне со словами: «Уважаемый, можно вас на секунду? Не подскажете, как пройти на почтамт?»

Берлинец оторопел, посмотрел на венца, прорычал: «Да я лучше сдохну» и удалился, топая ногами...

Случилось так, что венец в том же году отправился в Берлин, и на этот раз ему нужно было найти почтамт. Подойдя к какому-то берлинцу, он вежливо произнес:

— Уважаемый господин! Уделите мне минуту вашего внимания. Подскажите, как я могу пройти на почтамт.

Со скоростью автомата берлинец выпалил:

— Развернуться на сто восемьдесят градусов, пройти два квартала, резко повернуть направо, пройти один квартал прямо, перейти улицу, свернуть под арку, резко свернуть влево, пересечь трамвайные пути, пройти мимо газетного киоска и войти в операционный зал центрального почтамта.

Венец, скорее ошарашенный, чем информированный, пробормотал:

— Тысяча благодарностей, уважаемый...

Берлинец, схватив гостя за грудки, закричал:

— Плевать я хотел на твои благодарности. Повтори инструкцию!

* * *

Магазин по продаже компьютеров. Продавец обращается к богатой, но не понимающей в компьютерах даме:

— Ну вот, я вам подобрал жесткий диск получше...

— Получше — это пожестче?

Разговор в баре нескольких американских дедушек:

— У меня руки так ослабли, что еле кружку держу!

— Да, знаю. У меня вообще катаракта, так что не вижу, что и пью!

— А я даже шею не могу повернуть! Проклятый артрит!

— А у меня давление скачет!

— Да-а! Старость — не радость!

— Да ладно вам, хорошо хоть машину можем еще водить!

* * *

В одном нищем зоопарке попросили добрых людей взять животных на зиму по домам. Всех разобрали, и только огромную гориллу никто не хотел брать. Наконец нашелся один добрый самаритянин и согласился взять гориллу. Ему и говорят:

— В принципе, она спокойная, но никогда, слышите, ни за что не хлопайте ее по плечу!

Ну и вот живет у парня эта горилла, и взяло его страшное любопытство. Ну и хлопнул он ее по плечу. Тут же глаза гориллы налились кровью, шерсть вздыбилась и она стала преследовать его по всему дому. Опрокидывая мебель, парень сумел выбежать на улицу. Горилла за ним. Бежит мужик по улице, и вдруг стена. Закрыв глаза, он решил встретить смерть, как вдруг почувствовал шлепок по плечу и голос:

— Ты водишь!

91

* * *

Российские (советские) хоккейные болельщики смотрят матч.

70-е годы:

— Как думаешь, наши у канадцев выиграют всухую или Третьяк пропустит одну-две шайбы?

80-е годы:

— Интересно, кто станет чемпионом, наши или чехи?

90-е годы:

— Кому достанется «бронза»? Нашим или финнам?

2000-й год:

— У кого больше шансов вылететь после квалификации? У наших или у итальянцев?

* * *

... Мюллер выглянул в окно. По улице шел Штирлиц, ведя на поводке крохотную, зеленую с оранжевыми полосками, шестиногую собачонку.

«Странно, — подумал Мюллер, — этого анекдота я еще не знаю...»

* * *

Объявление: «Деньги по факсу просьба не присылать — он у нас черно-белый»

* * *

Три паломника молятся.
Первый:

— Боже, кто я пред Тобой? Невесомая пылинка, недоступная глазу, гонимая ветром.

Второй:

— Боже, как я мал перед Твоим величием! Мельчайший, ничтожнейший атом, затерянный в безднах пространства.

Третий:

— Боже, до чего я крохотен перед Тобой! Маленький червяк...

Первый второму:

— Нет, ну ты видел этого, с манией величия?

* * *

— Почему вы не бросились спасать жену, когда она тонула?

— Да я даже не подумал, что она тонет. Орала как обычно.

* * *

Встречаются два волка, один второму и говорит:

— Вчера съел кого-то, а кого и сам не знаю! Спинка черненькая, брюшко беленькое. Лапки дерьмом попахивают.

— Э, брат! Это ты садовода-любителя съел!

* * *

Во время празднования нового 2000-го года телерепортер спросил прохожего на улице Лондона:

— Какие у вас планы на это тысячелетие?

— Довольно скромные. Большую его часть я буду мертв.

* * *

Что общего между гаишниками и китайцами?
Тех и других слишком много, и все кормятся палочками.

* * *

— Вы слышали? У настоятельницы монастыря случился инфаркт после посещения туалетной комнаты!
— Нет! А что случилось?!!
— Она обнаружила, что на унитазе поднят стульчак...

* * *

В кустах нашли скелет. Это был скелет чемпиона мира по пряткам.

* * *

— За что ты попал в тюрьму?
— За взятку.
— А за что тебя так быстро выпустили?
— За взятку.

* * *

Умирает ирландский футболист, попадает к вратам рая, видит святого с длинной бородой и ключами в руках. Святой его спрашивает:
— Ну, делал ли ты что-либо хорошее в жизни?
Футболист отвечает:

— Нет, увы ничего доброго я не совершил. Пил, развратничал, дрался...

— Как, ну неужели за всю жизнь ничего хорошего?

— Ну, — отвечает футболист, — вот разве что однажды... Я тогда играл за команду имени Святого Патрика... Выступали мы против сборной Англии и так играли, так играли! Я им три гола закатал!

— Ага, — говорит святой, — этого, конечно, маловато. Ну давай, я сейчас дверцу чуть-чуть приоткрою, ты протискивайся и беги в рай, и затеряйся там, как будто всегда там был.

— Ах, спасибо, спасибо, Святой Петр!

— Тс-с-с. Святой Петр в отпуске. Я — Святой Патрик.

* * *

Колян, новый русский, решил наконец жениться на молоденькой красавице Юлечке. Пришел он к ней домой. Свататься, значит. Отец ее сел с ним за стол и спрашивает:

— Вот ты решил жениться. А зарабатываешь ты достаточно, чтобы семью-то содержать?

— Дык, я думаю, что да, — ответил Колян. — Да, да, я уверен, что достаточно.

— Ну смотри, — сказал будущий свекор, — а то она у нас большая... двенадцать душ, как-никак...

* * *

Три раза бросал старик невод в море, да так и не попал...

95

* * *

Судья у дантиста:
— Вырвите зуб... только зуб... и ничего, кроме зуба!

* * *

Чисто белорусский анекдот:
Останавливается на светофоре 600-й «Мерседес». В него врезается... БелАЗ.
Из «Мерседеса» никто не вышел.

* * *

Байкодром «Космодур»

* * *

Чем отличаются сионисты от антисемитов?
Сионисты говорят, что среди евреев много знаменитостей, а антисемиты говорят, что среди знаменитостей много евреев.

* * *

Дед на базаре продает тощую, облезлую корову. Покупатель:
— Дед, скоко хошь за эту дохлятину?
— Тыщу долларов, сынок!
— Да ты что! Ей цена двадцатка! Больше не возьмешь!
— Деньги очень нужны!
На следующий день тот же покупатель видит

этого же деда без коровы, но с двумя облезлыми курами.

— Че, дед, за двадцатку корову продал?

— Не, за тысячу двести баксов!

— ???

— А я ее выменял на двух кур по 600 каждая!

* * *

Охотились как-то вместе три работника статистического управления. Видят — стоит олень. Первый выстрелил и попал на метр левее. Второй выстрелил и попал на метр правее. А третий и стрелять не стал:

— Все! По статистике мы его уже пристрелили!..

* * *

Армянское радио спрашивают:

— Почему у евреев толстые жены?

— Это для того, чтобы при отъезде в Израиль помогать мужу упаковывать и закрывать чемоданы, садясь на них сверху.

* * *

Встретился однажды писатель И. Бабель с маршалом Буденным. Буденный:

— Ага. Ты, значит, «Первую Конную» написал?

— Я, Семен Михайлович.

— Вот случай тебе расскажу. Влетаем мы как-то в одно еврейское местечко, я командую: «Хлопцы, шашки вон! Рррубай ж...» Погодь, мил человек, а ты сам-то какой нации будешь?

— Еврей, Семен Михайлович.
— Гррхм... Другой случай тебе расскажу.

* * *

Судья:
— Это правда, что вы должны соседу тысячу долларов?
Мужик:
— Правда!
Судья:
— Так почему же вы их ему не вернете?
Мужик:
— Потому что это тогда уже не будет правдой!

* * *

Едут братки на 600-м. Вдруг сверху визг, скрежет тормозов, они чувствуют о крышу офигенный удар. Смотрят вверх на крышу, оттуда торчит задница. Один браток, задумчиво:
— Не иначе как Карлсон опять на бабки влетел...

* * *

Как-то утром вышел мужик за папиросами, а домой не вернулся. Вот какие папиросы продаются в нашей стране...

* * *

Завод «Камаз» подготовил к производству автомобиль «Ока» в исполнении люкс: кожаный салон с деревянными элементами, стеклоподъемники, круз-контроль, люк в крыше и т. д. К сожалению, на испытаниях машину разорвало, когда сработала подушка безопасности.

* * *

Итак, вы зашли в лабораторию и видите какой-то опыт. Как определить, кто его проводит?

Если там что-то зеленое и дрыгает ногами — там биологи.

Если там что-то воняет — там химики.

Если там что-то не работает — там, разумеется, физики.

* * *

Техас. Шериф испытывает нового помощника — ставит его на 200 метров позади себя и стреляет в него из двух кольтов. Подбегает к нему — прострелен воротник куртки и шляпа.

— Молодец, Билли, нужно будет купить тебе новую куртку и шляпу!

— Не мешало бы еще и новые штаны, сэр...

* * *

Поспорили Путин и Клинтон, у кого баня лучше. Клинтон говорит: «У меня», — и приглашает Путина помыться.

Приходит Путин в баню и нажимает на красную кнопочку. Его моют, парят и одевают. Затем Путин приглашает Клинтона в свою баню. Клинтон нажимает на красную кнопочку, но ничего не срабатывает. Помылся, вышел и обиженно говорит:

— Что-то у вас красная кнопка не работает.

— Как это не работает? Да вас целый час по телевизору показывали.

* * *

— А давайте позовем тех, без кого не обходится ни один Новый год?

— Давайте…

— Милиция! Милиция!

* * *

Типичная ситуация — едут братки на «Мерседесе», вдруг сзади в них влетает дедок на «Запорожце». Ну, братки к дедку подходят, говорят:

— Ну что, дедуля, поехали документики на квартиру оформлять?

— Вы че, пацаны, обурели совсем? Так, с каждого по 200 зеленых, и свободны.

Ну, братки от такой наглости прифигели малость, звонят своему бригадиру:

— Слышь, Колян, тут какой-то дед в нас въехал, да еще и наглеет. Че делать?

— Дед на красном «Запорожце»?

— Да.

— Отдайте ему все, что он просит, и быстро линяйте!

Ну, ребята к нему подходят, говорят: «На дед, бабки». На что дед отвечает:

— Не, ребята, вы оштрафованы за недоверие. С каждого по 1000 зеленых.

Братки опять звонить бригадиру — так мол и так.

— Отдайте ему по куску и валите оттуда.

Ну, делать нечего, собрали по штуке, отдают деду. Вдруг дед увидел на заднем сиденье мерса подругу одного из братков.

— Так, и девка со мной поедет.

Братки пуще прежнего прифигели — звонят боссу: мол, совсем озверел старикан — жену требует.

— Дайте ему трубку! (Передали.)

— Папа! Тебя мать уже два часа по всему городу ищет! Быстро домой!

* * *

Три пары обедают вместе в ресторане.
Американец жене:
— Передай мне мед, медовая моя!
Англичанин жене:
— Передай мне сахар, сахарная моя!
Русский жене:
— Передай мне мясо... (подумав) ...корова!

* * *

Поправка ко второму закону термодинамики: «В жизни нет вечных двигателей. Зато есть вечные тормоза».

* * *

— Добрый день. Скажите, пожалуйста, чем занимается ваша компания?
— Впендюрингом.
— ???
— Берем и впендюриваем.

* * *

— Вы психиатр?
— Да.
— Что-то мне верится с трудом...
— Так, и давно это вы у себя заметили?
— А вот как зашел к вам в кабинет, так и подумал — не может настоящий врач голым на подоконнике сидеть, да еще руки в стороны держать!
— Да это у меня крылья!
— А у врачей крыльев не бывает!
— Ладно, угадал: врача-то я склевал! А ты без очереди больше в кабинет не заходи, понял?! (Улетает.)

* * *

Приходит к врачу старушка.
— Доктор (пук), я что-то пукаю (бах) все время. Особенно, когда говорю (т-р-р-р-р).
Врач, не говоря ни слова, выходит из кабинета и вскоре возвращается с длиннющей железякой. Старушка (нагибаясь):
— Милок (пи-и-иф), ты этим своим инструментом (фи-у-у-у), смотри, осторожнее у меня ковыряй-то (ба-бах).
— Бабушка! Да это просто, чтоб форточку открыть!

* * *

В винный магазин заходит невысокий мужичок в кепке и, слегка картавя, обращается к продавщице:

— Мне погтвейна тгиста ггамм.
— Мы в разлив не продаем!
— А мне не в газлив, а в Шушенское.

* * *

Кощей Бессмертный бросился под колеса «КамАЗа», потом застрелился, утопился, повесился... В общем, в этот день развлекался как хотел!..

* * *

Американец говорит англичанину:
— Странный вы, англичане, народ. Скучный какой-то и чопорный. Веселую компанию не поддержите, только о спорте и можете говорить. Это все оттого, что в собственном соку варитесь. А у нас все по-другому. Вот, к примеру, я. Во мне и ирландская кровь, и итальянская, и немного мексиканской, и даже креольская есть. Ну, каково?
— Ну, что я могу сказать? Спортивная ваша мамаша.

* * *

Начальник собрал всех своих четырех подчиненных.
— Боюсь, что я должен уволить одного из вас!
Негр:
— Меня вы не уволите, а то получится расовая дискриминация!
Женщина:
— Меня тоже! Получится угнетение по половому признаку!

Работник в возрасте:

— Только попробуй уволить меня! Я подам на тебя в суд за дискриминацию по возрасту! Тут все посмотрели на молодого работника.

Тот вздохнул и сказал:

— Ммм... хмм... по-моему, я голубой!

* * *

Вопрос армянскому радио:

— Почему финны не едят чахохбили?

Ответ:

— В отместку. Потому что грузины не едят яайлокойвистуааре.

* * *

— Никогда больше не буду работать на эту жирную свинью!

— Да, а что он такого тебе сказал?

— Ты уволен!

* * *

Новый русский позвал слугу и говорит:

— Нарви в огороде редиски.

Слуга возвращается с пучком редиски.

— Ты что, болван? Нарвать редиски — это значит вырвать ее из земли, помыть, почистить, залить сметаной и посыпать сверху зеленью.

Новый русский так разнервничался, что заболел и отправил слугу за врачом. К вечеру тот пришел и радостно докладывает:

— Поручение ваше выполнил: врача позвал,

лекарство купил, гроб заказал и яму на кладбище выкопал!

* * *

Один работник, посланный по делам фирмы на Гавайи, застрял там из-за жестокого урагана. Шлет телеграмму боссу: «Застрял как минимум на пять дней. Прошу продлить командировку и выслать командировочные».

Босс отвечает: «Ты в отпуске с сегодняшнего дня».

* * *

Подходит мужик к другому мужику и говорит:
— Бесплатно гранату надо?
— Надо.
— Держи... А за чеку 100 долларов.

* * *

Бежит мужик по перрону за уезжающим поездом. Ему кричат:
— Раньше надо было на вокзал приходить!
— Раньше, раньше... Уже второй день бегу...

* * *

Люди добрые! Извините, что к вам обращаемся! Мои дети только что поели, а зубная щетка недоступна... Подайте, пожалуйста, на «Дирол» или «Орбит без сахара»! Не дайте детям умереть от кариеса!

* * *

Урок родного языка в таджикской школе.
— Бобо, как будет по-таджикски «вперед»?
— «Аглы».
— Молодец! А как будет «назад»?
— «Ва-а-ай»! У нас такого слова нэт.
— А как же...?
— Да мы поворачиваемся и «аглы»!

* * *

Католический священник идет вдоль речки. Хорошо, свежо так. Вдруг чувствует — перегаром несет. Он оборачивается и видит у себя за спиной пьяного в дугу мужика. Ну, священник и спрашивает:
— Сын мой, ты нашел Господа Иисуса Христа? — и окунает его башкой в холодную воду. Тот выныривает.
— Нет!
А перегаром продолжает нести. Тогда святой отец его еще раз: бултых в воду. И спрашивает:
— Сын мой, так нашел ли ты Иисуса?
— Нет! — отфыркивается тот. Процедура повторяется. Священник:
— Сын мой, так узрел ли ты наконец Иисуса?
Алкаш:
— Слушай, а ты уверен, что он здесь нырнул?

* * *

На мотоцикле несется наркоман. На обочине тормозит его гаишник. Наркоман останавливается, гаишник подходит к нему, козыряет:

— Старшина Сидорчук.

Наркоман хлопает его по плечу:

— Мо-ло-дец!

И со страшной скоростью уносится дальше.

* * *

Парень пришел на призывную комиссию.

— Годен, — объявляет врач.

— Доктор, но я же плохо вижу.

— Мы так не считаем. Сегодня утром мы признали годным практически слепого человека.

— Что?! И этот слепой будет служить?!

— Нет. У его собаки-поводыря оказалось плоскостопие.

* * *

Налоговый инспектор спрашивает одного мужика:

— У вас такая маленькая зарплата! Откуда вы взяли такие деньги на постройку особняка?

Мужик:

— Да один раз я рыбачил на речке и поймал золотую рыбку. Ну и попросил у нее особнячок!

Налоговик:

— Что за бред! Думаете, я поверю?

Мужик:

— Не веришь?! Поехали, особняк покажу!

* * *

Разговор в пивной:

— Слышь, друган, а жалко, что тебя здесь нет.

— Как это меня нет? Вот он я, сижу перед тобой.

— Нет... Нету тебя.

— Да ты что, офигел? Вот я сижу!!

— Хочешь, за 5 баксов докажу?

— Давай!

— Ну, ты ведь не в Париже?

— Нет.

— И не в Нью-Йорке, так?

— Ну.

— И не в Гватемале.

— Ага, точно, это ты верно ухватил.

— Значит, ты где-то еще, так?

— Ну... да, получается, где-то еще.

— Ну а раз ты где-то еще, значит, ты не здесь. Так?

— Так.

— Давай, плати 5 баксов.

— Да ну тебя! Не буду. Не могу я.

— Почему?

— Потому что меня здесь нет.

* * *

Испекла бабка колобок и говорит ему:

— Только в Макдональдс не ходи, а то сосиску в задницу засунут!

* * *

Большой прием в Кремле. Ельцин обращается к английскому послу:

— Мне показалось, что вы чем-то озабочены и расстроены...

Посол:

— Мне не хотелось бы об этом говорить, но у меня пропали часы. Это подарок королевы, и они дороги мне.

Ельцин:

— А с кем вы общались на моем приеме, кого бы вы заподозрили?

Посол:

— Вот с этим господином с белой гортензией в петлице смокинга...

Ельцин:

— Это глава моей администрации.

Посол:

— О, приношу глубочайшие извинения.

Ельцин покидает посла, и через некоторое время возвращается к нему, поигрывая золотыми часами:

— Это ваши часы? Получите!

Посол:

— А что же сказал глава вашей администрации?

Ельцин:

— Сказал? Он ничего не заметил!

* * *

Майор поставил на КПП рядового-грузина и сказал, чтобы тот доложил, когда приедет полковник. Проходит час, рядовой не докладывает. Майор звонит на КПП:

— Полковник не приезжал?

— Нэ валнуйся, дарагой, я все помню.

Проходит еще час. Майор опять звонит:

— Полковник не приходил, ты не забыл?

— Нэ волнуйся, дарагой, я нэ забыль.

Подходит полковник. Рядовой спрашивает:

— Ты полковник?

— Да, я, — отвечает тот.

— Вай, ты где шляешься, майор тебя, бальбеса, трэтий час ищет!

* * *

Туристы идут по Виндзорскому замку, который рядом с Хитроу. Слышится шум пролетающего самолета. Один турист:

— Какого хрена надо было строить замок рядом с аэропортом?!

* * *

Боксер жалуется врачу:

— Доктор, у меня бессонница.

— А вы считать пробовали?

— Пробовал — на счет 9 вскакиваю...

* * *

Подходит как-то Вовочка к папе с мамой и спрашивает:

— Мама и папа, а откуда я взялся?

Ну, папа с мамой, конечно, смутились, и ответить решился папа:

— А мы тебя с мамой нашли в капусте и усыновили.

Удовлетворенный ответом, Вовочка убежал играть с ребятами. Через пару дней Вовочка опять подходит к папе с мамой и рассказывает:

— А вот вы знаете, папа и мама, мы вчера с ребятами играли в огороде и нашли в капусте пьяного дядю Васю. Мы его хотели усыновить, а он нам говорит: «Идите, говорит, отсюда, пока я вас не уматерил!».

* * *

Три маленьких мальчика хвастаются друг перед другом в детском саду.
Первый:
— Нас у мамы двое, и у каждого есть свой телевизор.
Второй:
— А нас у мамы трое, и у каждого есть свой велосипед.
Третий:
— А я…, а у нас…, а нас у мамы семеро, и у каждого есть свой папа! Вот!

* * *

Новый русский покупает новый мобильный телефон. Продавец ему самый крутой, позолоченный аппарат предлагает. Новый русский его в руках повертел и отложил в сторону:
— Че ты мне суешь?
Продавец ему менее крутой, серебряный, предлагает, новый русский его опять не утвердил. Так еще пяток мобилок ложатся в сторону. Уже поникший продавец берет простую модель, и тут новый русский говорит:
— Вот, это ништяк!
— А что же остальные не подошли?

— Так в них же антенна не торчит!

— ???

— А что я в носу пальцем ковырять буду, в натуре?

* * *

Воздух не замечаешь, пока его не испортят...

* * *

Подошел однажды Папа Карло к Буратино и — отрубил ему ноги.

— За что, папа? — взвыл Буратино.

— Да вот, гробик я для тебя сработал... Но смотрю — маловат получился.

* * *

Куплю соковыжималку для производства березового сока и свежий березовый брус.

* * *

Господа японцы... Вы там поаккуратней на своих машинах... Нам еще на них ездить...

* * *

Хвалится новый русский перед братками:

— Вот у японцев был, так они мне свою экспериментальную тачку подарили — ни у кого такой нет.

— О?! А что за тачка?

— Сервис, ва-аще блеск. Сел, подумал о двери — она закрылась, подумал о стекле — оно и опустилось, подумал о зеркале — оно подрегулировалось — смотришь как тебе удобно; подумал об осанке — кресло и рулевая колонка встанут так, как тебе удобно, подумал о движке — он и завелся...

— А как она «бегает», какой расход?

— Пацаны, в натуре, извиняйте: до сих пор не понимаю, как эту тачку с «ручника» снять...

* * *

— А ты, Петя, кем хочешь стать?

— Космонавтом. Женщиной-космонавтом.

* * *

Священнослужитель перед совершением божественной литургии обязан вычитать молитвенное правило и ничего — даже воды — не вкушать после полуночи. Так вот: был в каком-то приходе престольный праздник, и по этому случаю туда съехались несколько батюшек. Они отслужили всенощную и сели ужинать в доме настоятеля. Разговоры, обильные возлияния... Опомнились сотрапезники далеко за полночь...

— Что же мы натворили? — воскликнул кто-то. — Ведь уже второй час, а мы все едим и пьем... Кто же завтра будет литургию служить?

— А вот отец Василий, — отвечают ему. — Он у нас с десяти вечера лежит под столом, ничего не ест и не пьет...

* * *

Приезжает генерал в полк с проверкой. Встречает его командир части, левой рукой глаз прикрывает. Идут они по части. Генерал смотрит — плац чистый, вылизанный, деревья оквадрачены.

— Кто плац в порядок приводил? — спрашивает генерал.

— Прапорщик Петренко!

— Молодец прапорщик Петренко!

Идут дальше. Смотрят, спортивная площадка белым песком посыпана, тренажеры покрашены — красота!

— Кто площадку убирал?

— Прапорщик Петренко!

— Молодец прапорщик Петренко!

Идут дальше. Заходят в столовую. Все вымыто, вычищено, блестит.

— Кто дежурный по столовой?

— Прапорщик Петренко!

— Подать мне его сюда!

Подходит Петренко, представляется.

— Молодец, прапорщик, объявляю вам благодарность!

— Спасибо, товарищ генерал, а верхнюю пуговичку застегните, пожалуйста!

— Что, это ты мне, боевому генералу?

Командир части опускает левую руку — на весь глаз синяк:

— Товарищ генерал, прапорщик Петренко по два раза не повторяет!

В автобусе в час пик:
— Вы выходите.
— Нет.
— А я не спрашиваю, я предупреждаю.

* * *

У одного мужика был кот. И то ли старый уже стал, то ли сметану сожрал, но жена мужика приказала отнести его далеко в лес и оставить там на произвол судьбы. Делать нечего — понес мужик кота в лес. И сам пропал. День его нет, два нет, на третий день появляется дома кот, и тут же мужик следом — грязный, злой и голодный.
— Ну ты чего, урод, отнес кота в лес? — напустилась на него жена.
— Ага, отнес, блин! И если бы за ним следом не пошел, так и заблудился бы...

* * *

Встречаются два новых русских:
— Вот, взял себе путевку на сафари!
— Ну и как расценки?
— Приемлемо. Охота с женой на льва — 500 баксов; охота со львом на жену — всего 100!

* * *

— Почему болельщики ЦСКА так любят ездить в лес на шашлыки?
— Потому что перед этим нужно замочить мясо.

* * *

Парень заходит в бар, заказывает рюмку самого дорогого коньяка, выпивает, кладет на стойку 5 баксов и убегает. Бармен берет купюру и, оглядываясь по сторонам, подносит ее к нагрудному карману. Вдруг он замечает своего босса, стоящего рядом и внимательно следящего за его движением. Бармен не растерялся и сказал:

— Прикиньте, шеф! Этот наглец оставил чаевые и смылся, не заплатив за выпивку!

* * *

Ватикан согласился опубликовать текст записки, оставленной Папой Римским в Стене плача при посещении им Иерусалима. Она начинается словами: «Милый дедушка, забери меня поскорее отсюда...»

* * *

Чечня. Табличка у края минного поля: «Проверено. Мин почти нет».

* * *

Эх, хорошо на Кипре! Натянул шорты, одел темные очки, схватил плейер и... бегом из супермаркета, пока не заметили!

* * *

Загадка. Представьте ситуацию. Светофор. Стоит КамАЗ, гужевая повозка и мотоциклист.

Ждут разрешающего сигнала. Загорелся жёлтый. КамАЗ газанул. Лошадь испугалась и с перепугу откусила мотоциклисту ухо. Вроде как ДТП.

Вопрос: «Кто виноват?»

Ответ: «Мотоциклист. В шлеме ездить надо!»

* * *

— Что нам, мужчинам, не нравится в домашней работе, так это её однообразие: убрал постель, вытер пыль, пропылесосил... И через полгода начинай всё сначала!

* * *

Пришёл заика к логопеду:

— Я сы-сы-слышшал, чи..чи..чито ввы мммо-жетте мне пы..пы..помочь?

Логопед:

— Да! Садитесь сюда, смотрите мне в глаза и считайте до десяти!

Заика:

— Р...рр...аз, дд...дыва, ты...ты...три, че...четыре, ппять, шшесть, семь, восемь, девять, десять...УРА! Я исцелился!

Логопед:

— С вас 300 баксов!

Заика:

— Сы...сы...скока, сы...сы...кока?

* * *

Девиз холостяка — лучше молоко из холодильника, чем корова на кухне.

* * *

Один фермер чудом спасся во время наводнения в Огайо. После чего он достал всех, без конца рассказывая, как это произошло. И вот попал он на тот свет, где Святой Петр сказал ему, что он, дескать, был хорошим фермером и любое его желание будет исполнено. Фермер, естественно, сказал:

— Хочу поведать всем, как я чудом спасся во время наводнения в Огайо!

Святой Петр собрал всех, и только было фермер собрался открыть рот, чтобы рассказать, как он чудом спасся во время наводнения в Огайо, как Петр ему шепчет:

— Слышишь, мужик, я, конечно, ничего не имею против, чтобы ты рассказал, как ты чудом спасся во время наводнения в Огайо, но вон в толпе Ной стоит!..

* * *

— Что это вы отмечали? Звоню на сотовый, а там шум, веселье, пьяные голоса...

— Да какой там. Это я в троллейбусе ехал.

* * *

Приходит такой весь забинтованный, в синяках чувак к психотерапевту и говорит:

— Доктор, помогите! Мне все время кажется, что я мост!

Доктор:

— Господи, а кто это вас так разукрасил?!

Чувак:

— Один грузовик, две «Лады» и повозка с ишаком!..

* * *

— Я вижу, капитан, у вас плохое настроение. Что случилось?

— Я выиграл главный приз в телевизионной передаче.

— Так это же хорошо!

— Кому как! Второй и третий призы — деньги, а первый — туристическая поездка на нашем теплоходе.

* * *

Молодой, спортивного телосложения инспектор уголовного розыска познакомится с квартирным вором, орудующем в Первомайском районе. Грабителей, насильников и другие районы просьба не предлагать.

* * *

Два наркомана сидят в тюряге. Один другому:

— Слушай, брат, зачем здесь решетки? Какой дурак сюда полезет?

* * *

Военная кафедра. Уставы. Полковник:

— В субботу и в воскресенье солдат может уволиться из расположения части. Значит, пойти в увольнение. Скажем, поехать в город, сходить с девушкой погулять, в кино пойти, в цирк, в зоопарк (распаляется), на дискотеку, в картинную галерею или, скажем, в театр... Мда... ну это я уже загнул...

* * *

Жил да был всемогущий султан. И был у него любимейший слуга, которого звали Буба. Пошел как-то Буба на базар и вдруг видит: ходит Смерть меж палаток, остановилась и на него так пристально-пристально, нехорошо, гаденько смотрит, бровками играет. Испугался Буба и кинулся во дворец. Прибежал к султану, пал ниц и умоляет: отпусти, мол, меня в славный город Багдад, бежать мне надо! Смерть непорядочно покосилась! Огорчился султан, что придется расстаться с преданным Бубой, да делать нечего — отпустил его с Аллахом. Отпустил, а сам в тот же день отправился на базар. Увидел там Смерть, подозвал и гневается:

— Ты что же косишься непорядочно на людей моих?! Напугала пацана до поноса!

Смерть почтенно ему отвечает:

— Не хотела я пугать его, о луноликий! Просто удивилась я, что он все еще здесь — завтра у меня с ним встреча в Багдаде...

* * *

— Привет, молодец, огурцом выглядишь!
— А как же, я ведь в банке работаю!

— Позвольте мне сегодня уйти с работы пораньше, Семен Семенович. Жена хочет пойти со мной за покупками.

— Ни в коем случае! Сидите и работайте!

— Огромное спасибо, Семен Семенович!

* * *

— Я вчера Папу Карло встретил. Грустный такой.

— А что у него случилось?

— Да ему вместо шарманки мясорубку подсунули... А он на нее обезьянку посадил.

* * *

Мужик как только увидит, что кто-то достает сигареты и хочет прикурить, подходит и говорит:

— Блин, мужики, щас такую аварию видел. Ужас! Несутся два «Жигуля» навстречу друг другу и как... Слышь, дай закурить!

Ему, конечно, дают закурить и с нетерпением ждут продолжения. Когда пауза затягивается, нетерпеливые задают вопрос:

— Слышь, а что дальше было?

— Да разъехались. Не туши, не туши...

* * *

Пышным банкетом с обязательным сейчас священником и традиционным разбиванием бутылки шампанского отметили ввод в эксплуатацию нового судна санитары больницы.

* * *

— Боюсь что с этого дня вы должны бросить пить, курить, встречаться с женщинами.
— Но ведь я мужчина, доктор.
— Можете продолжать бриться.

* * *

Врач слушает пациента:
— Дышите! Не дышите! Дышите! Не дышите! Не дышите! Не дышите! Не дышите! Не дышите!.. Выносите! Следующий!

* * *

— Доктор, меня все игнорируют!
— Следующий!

* * *

— Доктор, у меня склероз!
— И давно это у вас?
— Что давно, доктор?
— Ну, склероз.
— Какой, к черту, склероз?

* * *

Пациент жалуется на постоянные головные боли.

— Пьете? — спрашивает врач.

— Никогда в жизни!

— Курите?

— Боже сохрани!

— А как насчет женщин?

— И не думаю об этом.

— Так вы ж святой человек! Очевидно, вам нимб несколько туговат...

* * *

— Доктор, где у человека душа?

— Точно не знаю, но где-то под мочевым пузырем. Когда помочишься — и на душе легче.

* * *

— Как прожить до 100 лет?

— Очень просто: выпивайте каждое утро по чашке горячего чая в течение 62 400 недель

* * *

— Доктор я поседел от беспокойства.

— А что вас беспокоит?

— То, что я седею.

* * *

— Я был у нескольких врачей, и ни один не согласен с вашим диагнозом.

— Ну что ж, подождем вскрытия.

* * *

Окулист читает лекцию:

— Каждый человек со слабым зрением должен иметь две пары очков: одну для чтения, другую — для того, чтобы находить первую пару.

* * *

К психиатру пришла женщина.

— Доктор, с моим мужем происходит что-то странное. Он каждое утро пьет кофе...

— Что ж здесь странного?

— Да, но потом он съедает чашку.

— Как, целиком?

— Нет, ручку почему-то оставляет.

— Действительно странно, — задумчиво говорит доктор, — ведь самое вкусное — это как раз ручка...

* * *

— Доктор, там во второй палате лежит нормальный человек. Он работает мясником в магазине.

— Ах, этот... У него просто мания величия. Он обыкновенный профессор.

* * *

— Доктор, я обеспокоен

— В чем дело?

— Вот уже несколько дней мне кажется, что все, о чем говорит моя жена, имеет какой-то смысл...

* * *

Окулист обследует радужную оболочку глаза пациента, чтобы поставить по ней диагноз.

— Да, — говорит он. — Вы серьезно больны... Сразу могу сказать, что у вас диабет, цирроз печени, жировая дистрофия миокарда, нарушения в составе крови...

— Подождите, доктор, вы же смотрите не в тот глаз, этот у меня стеклянный.

* * *

— Доктор, соседи называют меня сумасшедшим, потому что я люблю сосиски.

— Ерунда какая, я тоже люблю сосиски.

— О-о, тогда пойдемте, я покажу вам свою коллекцию.

* * *

— Скажите, бывает, что вы слышите голоса и не знаете, кто это говорит и откуда?

— Бывает, доктор, и часто.

— Тяжелый случай. И когда это с вами происходит?

— Когда говорю по телефону.

* * *

— У нашего дедушки навязчивая идея: ему кажется, что он курица.

— Почему же вы не покажете его психиатру?

— Ну да! И остаться без свежих яиц к завтраку?

125

* * *

— Доктор, мне приснилось, что я людоед и мы всем племенем доедаем женщину, похожую на мою жену.

— Ну, зачем так волноваться? Мало ли что может присниться?

— Да? Тогда скажите, куда подевалась моя жена?

* * *

Жилец стучится в квартиру соседа:

— Если вы не перестанете играть на своем проклятом саксофоне, я сойду с ума!

— Уже сошел! — ответили из-за двери. — Саксофон уже два часа молчит.

* * *

Какая разница между шизофреником и неврастеником?

Шизофреник не знает, сколько дважды два, и спокоен. Неврастеник уверен, что дважды два — четыре, но нервничает.

* * *

— Доктор, помогите: я все время думаю, что я лошадь.

— Безусловно, помогу, но для этого потребуется много денег.

— Деньги не проблема: я вчера победил на скачках.

— Почему у тебя унылый вид?

— А-а... стыдно признаться... мочусь во сне.

— Сходи к психотерапевту, он тебя легко вылечит.

Через месяц.

— Ну, у тебя совсем другой вид. Держу пари, что он тебя вылечил.

— Не, не вылечил, но теперь я этим горжусь!

* * *

Звонок в психиатрическую клинику:

— Алло, скажите: человек, который в шесть утра трубит в трубу, пока всех не разбудит, нормальный?

— Конечно, нет.

— Тогда приезжайте и заберите этого психа.

— Адрес?

— Комсомольская, 14, воинская часть 456/58.

* * *

— Как ваше имя?

— Триста пятьдесят два.

— Это полное?

— Нет, уменьшительное.

* * *

— Доктор, соседи считают, будто у меня мания величия.

— Да? Расскажите все с самого начала...

— Сначала? Хорошо. Сначала я сотворил небо и землю...

* * *

Человек вошел в кабинет психиатра и стал набивать нос табаком.

— М-да, — сказал психиатр. — Вы попали куда надо.

— У вас что, есть спички?

* * *

В психбольнице:

— Доктор, тут один посетитель выясняет, не сбежал ли от нас больной.

— А почему его это интересует?

— Он говорит, что кто-то смылся с его женой.

* * *

Обход в психиатрической клинике:

— Этот бедняга спятил, когда его невеста вышла за другого.

Переходят в соседнюю палату.

— А здесь содержится тот, другой...

* * *

Шизофреник раскачивается посреди больничной палаты.

— Что вы делаете? — спрашивает медсестра. — Физкультуру?

— Нет, я измеряю время.

— И который час по-вашему?
— Три тридцать.
Сестра смотрит на часы:
— Ошибаетесь: уже ровно четыре.
— О, черт побери! Я отстаю! Я должен раскачиваться быстрее!

* * *

— Доктор, у меня звенит в ухе.
— А вы не отвечайте.

* * *

Известного ларинголога спросили, почему перед осмотром больного он выясняет, что тот ел на обед.
— Очень просто, — ответил тот. — В зависимости от ответа я выясняю размер моего гонорара.

* * *

— Теряю слух, — жалуется пациентка. — Не слышу даже, как кашляю.
— Вот вам таблетки, принимайте три раза в день.
— И что, буду лучше слышать?
— Нет, громче кашлять

* * *

Больной:
— Доктор, я сексуальный маньяк!

Доктор:

— Сейчас проверим, голубчик, не волнуйтесь (показывает лист бумаги, на котором нарисован треугольник). Что это, по-вашему?

Больной (смущенно хихикая):

— Ой, доктор, мне право даже как-то неудобно...

Доктор (показывая другой рисунок, с квадратом):

— Та-ак, ну, а это что?

Больной (реагирует по-прежнему):

— Ну, что вы, доктор? Ну, как я могу? Ну, разве можно...

— Ясненько (начинает заполнять историю болезни).

— Доктор, а вы сами не сексуальный маньяк?

Доктор (в крайнем удивлении):

— Почему?

Больной (хитро):

— А откуда у вас такие картинки?

* * *

Дантист возвращается в приемную после обеда.

— Есть кто-нибудь?

— Да, — говорит ассистентка. — Есть один. В кабинете.

— Почему же вы не готовите инструментарий?

— Понимаете, он заперся изнутри и никого не пускает.

* * *

— Знаете, я так иногда мечтаю стать дантистом... Только они могут заставить женщину закрыть рот.

* * *

— Доктор, вы тащите зуб, который не болит!
— Не беспокойтесь, доберусь и до больного.

* * *

Дантист — человек, который изымает золото из вашего кармана и помещает его в ваш рот. Частично, конечно...

* * *

— Пациент, у вас рот открыт.
— Я знаю, я его сам открыл...

* * *

— Доктор, как сохранить зубы?
— Чистите после еды и все время держите рот закрытым.

* * *

— Доктор, зубная боль не дает мне спать всю ночь! Что делать?
— Найдите себе ночную работу.

* * *

Приходит пациент к врачу:
— Доктор, я чешусь.
Врач осмотрел его, выписал таблетки. Через некоторое время больной приходит опять:

— Доктор, все равно чешусь.

Врач попросил больного раздеться, осмотрел его и стал задавать вопросы:

— А после ванны чешетесь?

— Первые полгода не чешусь, а потом опять начинаю.

* * *

Несут санитары мужика на носилках. Он им:

— Ребята, а может таблеточку?..

— Молчите, больной!

— Ребята, а может укольчик?..

— Молчите, больной!

— Ну, ребята, может капельницу?

— Молчите, больной! Врач сказал «в морг» — значит, в морг!

* * *

Сделали чукче вскрытие и установили, что причиной смерти было вскрытие!

* * *

Больной открывает глаза, видит человека в белой одежде и слабо стонет:

— Доктор, я буду жить?

— Я не доктор, я Архангел Гавриил.

* * *

В морг доставили неопознанное тело утопленника. Некто попросил показать его.

— Нет, нет, это не я — сказал он и удалился.

Сторож рассказал об этом заведующему моргом.

— Как же вы позволили ему уйти? Он же не-нормальный!

— Почему это?

— Потому что он показывает на покойника и говорит: «Это не я!»

— Да нет, вполне нормальный: утопленник и в самом деле на него не похож.

* * *

Медсестра советует больному:

— Если хотите отблагодарить врача, сделайте это до операции, а то может быть поздно.

* * *

Врач говорит пациенту, очнувшемуся после наркоза:

— Операцию вы перенесли хорошо, а вот перед ней вы вели себя отвратительно: вырывались, кричали, кусались... А ваш знакомый с соседней койки вел себя еще хуже!

— Еще бы! Ведь нас в клинику окна мыть послали!

* * *

Среди ночи больной из мужского отделения звонит дежурной сестре:

— Сестра, у меня жуткая бессонница. Вы не могли бы узнать, может и в женском отделении кому-то не спится?

* * *

Больного пришел проведать приятель. Жена больного предупредила, что тот очень плох, и печальная физиономия визитера может усугубить состояние.

— Ну, что? — весело сказал приятель, входя в палату. — Умираем?

* * *

— Доктор, — спрашивает жена больного, — есть хоть какая-нибудь надежда?

— Это зависит от того, на что вы надеетесь.

* * *

— Мы ввели в больнице новые правила, — предупреждает пациента врач. — Сразу после операции вы встаете со стола и сами идете по коридору в палату, как бы плохо вам ни было. На следующий день надо пройти пять раз вокруг больницы, а на третий — пробежать 10 километров. Вопросы есть?

— А во время операции можно немножко полежать?

* * *

Разговор в больничной палате:

— Что-то меня Гондурас беспокоит.

— Чесать не надо было...

* * *

Хирург посоветовал больному мужаться. Тот стал материться.

* * *

Старожил в больнице рассказывает новичку:
— Прошлый раз хирург скальпель забыл у больного в животе!
Новичок бледнеет:
— Не может быть! Мне как раз вчера операцию сделали.
В палату заглядывает сестра:
— Ножниц моих никто не видел?

* * *

Массажисты массируют двух ревматиков. Один воет и извивается от боли. Другой лежит совершенно спокойно.
— Как это вы терпите? — говорит первый. — Вашу больную ногу месят как тесто, а вы не пикните?
— Я не настолько глуп, чтобы подставлять ему больную ногу.

* * *

— О-о! — говорит доктор, входя в палату. — Сегодня вы выглядите намного лучше.
— Еще бы, я строго следовал тому, что написано на вашей бутылочке.
— Чему именно?
— Хранить надежно запечатанной.

* * *

Хирург после операции признается пациенту:

— У вас в животе забыли ножницы, придется резать снова…

— Раз надо — режьте, только сделайте в этот раз живот на пуговицах.

* * *

— Пожалуйста, не волнуйтесь, — говорит хирург пациенту, лежащему на операционном столе.

— Но, доктор, это моя первая операция в жизни.

— Ну и что? У меня это тоже первая операция, но я то держусь!

* * *

— Вы обращались с этим к кому-нибудь? — спрашивает врач посетителя.

— Да, к аптекарю.

— Представляю, какую глупость он вам насоветовал!

— Да, он посоветовал обратиться к вам.

* * *

— У вас есть ацетилсалициловая кислота?

— Вам нужен аспирин?

— Да, никак не могу запомнить это слово.

* * *

— Мне нужен горчичный пластырь
— Горчичного, к сожалению, нет. Может, вас устроит с майонезом?

* * *

Фармацевт своей жене:
— Не выходи пока в аптеку — попытаюсь продать шесть бутылей моей микстуры для похудания.

* * *

Сдают экзамен три студента-медика. Первым вызывают американского студента, показывают ему два скелета:
— Что вы о них можете сказать?
— Справа скелет женщины, умершей в возрасте 45 лет от рака желудка; слева скелет мужчины, умершего в возрасте 63 лет от инсульта.
Поставили «5» и отпустили. Вызывают студента-немца, тот же вопрос.
— Слева скелет мужчины, умершего в возрасте 63 лет от инсульта, в течение жизни имевшего перелом левого бедра; справа скелет женщины, умершей в возрасте 45 лет от рака желудка, имевшей в течение жизни сотрясение мозга.
Тоже отпустили с «пятеркой». Вызывают советского студента.
— Что вы можете сказать об этих скелетах?
Молчание.

— Ну, поглядите на них: неужели вам нечего сказать?

Молчание.

— Ну, вспомните, чему вас в институте учили!

— Господи, неужели это Карл Маркс и Фридрих Энгельс?!

* * *

Врач взял отпуск на неделю и отправился на охоту. Возвращается в госпиталь разочарованный:

— Так никого и не убил! — говорит он медсестре.

— Да-а, — отвечает та. — Для этого вам лучше было бы остаться здесь, в госпитале.

* * *

Записи в историях болезни:

1. Больной был обследован, был прооперирован, был хорошим товарищем...

2. После приема лекарств умерший почувствовал легкое недомогание.

3. Больной повел себя плохо, почему и был прооперирован второй раз.

* * *

Молодой врач осматривает больного на дому и говорит его жене:

— Увы, я уже ничем не могу помочь — слишком поздно. Это агония — видите, у него посинели руки?

— Но, доктор, он же работает красильщиком.

— Тогда ему жутко повезло: не будь он красильщиком, был бы давно покойником.

* * *

Профессор обращается к студенту-медику:

— Чтобы стать хорошим врачом, вы должны быть наблюдательны и не брезгливы. Вот делайте как я... — он быстро засовывает пациенту палец в задний проход и потом палец облизывает. Студент, морщась, повторяет то же самое.

— Да, — говорит профессор, — хорошего врача из вас не получится. Вы не брезгливы, но и не наблюдательны... Я-то вставлял указательный палец, а облизал безымянный.

* * *

Чукча женился на француженке. Через два месяца разводится. Его спрашивают:

— В чем дело? Почему разводитесь?

— Да-а... Грязная она какая-то — моется каждый день!

* * *

Чукча говорит жене:

— Не знаешь, почему про нас говорят, что мы такие (стучит по дереву)?

Жена:

— Стучат.

Чукча:

— Сиди, я сам открою.

* * *

В театре:
— Тише вы, увертюра!
— От увертюры и слышу.

* * *

— Милорд, вы сволочь!
— От милорда слышу!

* * *

Сидят два рыбака на берегу озера, рыбу ловят. А мимо туда-сюда на водных лыжах за катером катается девушка.
— Вот бы ее сюда, — думают рыбаки.
И тут девушка падает в воду, а катер уносится. Рыбаки бросаются в воду спасать. Полчаса ныряют, наконец выносят спасенную на берег, делают искусственное дыхание — ничего не получается.
— Странно, — говорит один. — Не оживает. Да и девушка вроде на лыжах была, а эта в коньках ржавых!

* * *

Стоит мужик на улице, обливается кефиром. Подходит другой мужик:
— Ты че делаешь?
— В шахматы играю.
— ??? Дай-ка я тоже попробую.
Стоят оба, обливаются кефиром.

Подходит мальчик:

— Я знаю, что вы делаете! В шахматы играете!

— А откуда ты знаешь?

— А у меня велосипед за углом.

* * *

— Мама, посмотри, какие у меня здоровые зубы (клац-клац)! По 10 сантиметров каждый!

* * *

— Мама, а почему меня мальчики во дворе зовут Экскаватором?

— Закрой рот — мебель поцарапаешь!

* * *

В читальный зал сельской библиотеки заходит парнишка в наушниках. На груди у него болтается японский плейер. Достает книжку и садится смотреть картинки. Тащится. К нему подходит библиотекарша и, когда ей удается обратить на себя внимание парня, просит его выключить магнитофон. Парень, естественно, возмущен:

— А вот в цивилизованных странах нигде не запрещают слушать музыку через плейер!

— В цивилизованных странах в магазинах батарейки есть, а бензиновый движок с генератором в твоем рюкзаке, помимо всего прочего, еще и чадит...

* * *

На собачьем рынке какой-то гражданин осматривает со всех сторон пса, который пришелся ему по вкусу.

— У него есть генеалогическое дерево? — спрашивает он у продавца.

— Да зачем? Он пользуется любым деревом.

* * *

— Слыхал, наш-то занял сразу два первых места в международных конкурсах?

— Каких?

— На самого толстого в мире и самого галантного мужчину.

— Ну, самого толстого — понятно, а самого галантного?

— Он встал и уступил место сразу трем дамам.

* * *

На кладбище проводится месячник по экономии ресурсов. Директор собрал всех работников на совещание:

— Товарищи, какие будут предложения?

Столяр встает:

— У меня есть предложение: в целях экономии древесины хоронить покойников в целлофановых пакетах.

Директор:

— Очень ценное предложение. У кого-нибудь еще есть идеи?

Поднимается могильщик:

— Для экономии земли предлагаю хоронить покойников стоя.

Камнерез:

— И по пояс.

* * *

Отставной, но не потерявший бдительности начальник отдела кадров останавливает на улице мужчину:

— Что это вы стали так ярко одеваться? Да, и похудели сильно... И потом — вы же были шатеном, а теперь перекрасились в брюнета. Странно, странно. Что все это значит, Сидоров?

— Извините, но моя фамилия не Сидоров.

— Так ты и фамилию сменил?!

* * *

— Папа, тут одеколон стоял. Ты не видел?

— Ну дык... кхм!

* * *

Из письма маме:

«Дорогая мама, я вступил в ВМС, потому что мне нравились чистота и порядок, поддерживаемые на кораблях. Но только неделю назад я понял, кто поддерживает этот порядок и чистоту».

* * *

Новый русский поймал золотую рыбку.

— Добрый человек, отпусти меня в море синее, — взмолилась рыбка. — Я любые три твои желания выполню!

— Нет, четыре. Сначала три, а потом еще одно.

— А по сказке положено только три.

— Ты, селедка вонючая! Я ж тебя щас высушу и с пивом закушу. Еще указывать мне будет, килька тухлая!

— Хорошо, хорошо, пусть будет четыре. Загадывай.

— Хочу лимон баксов.

Перед новым русским появляется мешок с баксами.

— Так, теперь хочу, чтобы война в Чечне закончилась — у меня от нее одни убытки.

— Слушай, мне это не по зубам. Это же высокая политика, большие люди...

— На воблу пущу!

Война в Чечне стремительно заканчивается.

— Так, а теперь мне надо две группировки помирить. Одна из меня деньги вышибает, другая меня покрывает, а они между собой в контрах.

— Нет, это нереально. Они друг друга ненавидят.

— А я тебя с пивом!

Группировки неожиданно начинают дружить.

— А теперь последняя просьба. Жена у меня — редкостный крокодил. Разводиться не хочет, достала до невозможности. Хотел замочить, так она без охраны не ходит. Сделай из нее красавицу, и чтоб характер был у нее ласковый и добрый.

Новый русский вытаскивает фотографию и показывает рыбке. Та долго всматривается.

— М-да-а... Так что ты там говорил насчет воблы?

* * *

Вечерняя поверка на подводной лодке:
— Иванов?
— Я!
— Петров?
— Я!
— Сидоров?
— ...
— Сидоров!
— ...
— Сидоров!
— Ну я.
— Уф! (Облегченно) А куда ты денешься...

* * *

— Подсудимый! Вам предоставляется последнее слово!
— Двэсты патдэсят тысач...
— Суд удаляется на совещание!
— Подсудимый! Вы признаете свою вину?
— Нэт!
— Ну, на нет и суда нет!

* * *

Урок в семинарии.
— Кто мне скажет, отделима ли душа от тела? — спрашивает батюшка своих отроков.
— Отделима, батюшка, — отвечает один из них.
— Обоснуй.
— Проходил я вчера поздно вечером мимо ва-

шей кельи и слышал, как вы говорили: «А теперь, душа моя, одевайся и уматывай».

* * *

У киоска.
— Дайте мне коробок спичек, пожалуйста.
— Не кричите, я не глухая. Вам с фильтром или без?

* * *

Дедушка спрашивает внука, показывая на развалины:
— Что это, внучек?
— Киев, дедушка.
— Молодец, — говорит дед и гладит внука по голове.
— А это? — спрашивает дед, показывая на высохшее русло.
— Днепр, дедушка
— Молодец, — говорит дед и гладит внука по второй голове.

* * *

Летят две вороны на дозвуковой скорости:
— Стена!
— Вижу (шмяк-шмяк).
Летят две вороны на сверхзвуковой скорости:
— Стена! (шмяк)
— Вижу (шмяк).
Летят две вороны на гиперзвуковой скорости:
(Шмяк-шмяк).

— Вижу.
— Стена!

* * *

Новейшее секретное оружие — противотанковые ежи-камикадзе. Они бросаются под танки и прокалывают гусеницы.

* * *

— Каждый раз, когда увижу что-нибудь смешное, не могу удержаться от хохота.
— Интересно, как же тебе удается бриться?

* * *

Идут по улице два дурака. Видят — над ними вертолет завис. Один другому говорит:
— Сломался.
— Дурак ты, сломался. Если бы сломался, он бы давно на нас упал. Сразу же ясно — бензин кончился!

* * *

— Здесь больно?
— Больно.
— А здесь?
— Больно!
— А здесь?
— А-а-а! Больше я вам ничего не скажу!

* * *

Двоих посадили в одну камеру. Один без конца ходит взад-вперед. Второй не выдерживает:

— По-твоему, когда ты ходишь, ты не сидишь?

* * *

Кандидат в депутаты в ходе предвыборных дебатов говорит своему сопернику:

— Есть тысяча способов достать деньги для финансирования избирательной кампании кандидата, но только один из них честный.

— Какой же? — спрашивает его противник.

— А я был уверен, что вы его знаете...

* * *

Ротный спрашивает новобранцев во дворе около казармы:

— Кто из вас умеет варить?

— Я, — отвечает один.

— Будешь поваром.

Через два дня:

— Послушай, а тебе вообще-то приходилось варить в больших котлах?

— Да.

— И что же ты варил?

— Асфальт.

* * *

Наутро после драки посетитель заходит в бар и видит, что весь пол покрыт опилками.

— Скажите, эти опилки насыпаны, чтобы впитать пятна крови?

— Нет, это остатки вчерашней мебели.

* * *

На охоте:

— Почему же ты не стреляешь в этого зайца?

— Ты разве не видишь, как он бежит?! Может, еще бешеный, ну его к черту!

* * *

По окончании охоты стрелки собираются на поляне. Последний прибегает и кричит:

— Все ли на месте?

— Все — отвечают ему.

— Черт побери! — изумляется тот. — Значит, я подстрелил оленя!

* * *

Действие происходит в туалете... Голос из правой кабинки:

— И этот гад тебе не поставил зачет?

Голос из левой:

— Не-е-е-е. Не поставил!

Голос из средней:

— И не поставлю...

* * *

— Прежде чем мы начнем экзамены, есть ли у кого-нибудь вопросы?

— Да, — раздается голос с самого последнего ряда. — А какой мы сегодня сдаем предмет?

* * *

Дед внуку:
— Я тебе расскажу, как сотворили первую пару людей на земле.
— Я знаю. Расскажи лучше, как сотворили третьего человека.

* * *

Иванушка-дурачок сидит на берегу реки и пишет на воде вилами нехорошие слова. Выныривает щука и говорит:
— Ты что, Ваня, совсем сдурел? Кругом мальки, молодь, а ты так выражаешься!

* * *

Перед казнью осужденный обращается к палачу:
— Я отказываюсь класть голову на эту плаху — сделайте ее в два раза ниже.
— Что же вас не устраивает? — удивляется палач.
— Дело в том, что если моя голова рухнет с такой высоты, то не избежать сотрясения мозга!

* * *

Прохожий, увидев траурную процессию, пристраивается к несущему гроб мужчине, снимает шляпу и спрашивает:

— Кого хороним?
— Тещу.
— А почему гроб боком несете?
— А когда на спину переворачиваем — храпеть начинает.

* * *

— Внучек, прикрой дверь — я мерзну.
— Какой же ты, дедушка, мерзавец!

* * *

— Дедушка, что ты делаешь с этой бутылкой? Ты хочешь установить в ней кораблик?
— Именно это я сначала и хотел. А теперь рад бы просто вытащить оттуда руку.

* * *

Маша спрашивает лысого дедушку:
— Дедушка, а почему у тебя голова пустая?

* * *

Ночь. Стук в избу.
— Дед, дрова нужны?
— Нет.
Утром дед проснулся — дров нет.

* * *

Одну прабабушку спросили, как она почувствовала себя, когда у нее появился первый правнук.

— Это было чудесно, — ответила она. — Но до тех пор пока я не поняла, что стала матерью деда!

* * *

Приходит дочка к матери и говорит:
— Мам, а правда детей аист приносит?
— Да.
— А правда подарки Дед-мороз приносит?
— Правда, а что?
— Так зачем же мы тогда отца держим?

* * *

— Твой дедушка не очень рассердился, когда его проверяли на таможне?
— Совсем наоборот. При досмотре нашли его очки, которые он потерял неделю назад.

* * *

— По-моему, дочка, ты выходишь замуж, не подумав.
— Но ты же, мама, сама говорила, что мне рано думать про замужество.

* * *

Отец сидит на кухне и выпивает. Подходит дочка:
— Папа, а можно я возьму пустую бутылочку, сдам и куплю хлебушка?
— Возьми, сдай... Что бы вы тут без меня жрали?

* * *

В тот день, когда дочка получила права ученика-водителя, отец согласился преподать ей урок вождения. Широко улыбаясь, он прыгнул на заднее сиденье.

— А почему бы тебе не сесть рядом со мной? — спросила дочка.

— Я ждал этого момента с тех пор, как ты была совсем маленькой, — ответил папа. — Теперь моя очередь сидеть сзади и колотить ногами по сиденью.

* * *

Мама:
— Кто съел грушу?
Дочка (испуганно):
— Не знаю!
— А еще хочешь?
— Хочу!

* * *

Заблудился Иван-дурак в лесу и к вечеру прибрел к избушке бабы-яги. Постучался и просит бабу-ягу впустить его переночевать.

— Хорошо, можешь лечь спать с моей дочерью или у двери, на коврике.

Подумал Иван: если баба-яга страшная как черт, то и дочка не лучше.

— Спасибо, яга. Я уж как-нибудь на коврике у двери переночую.

Просыпается Иван утром — кости ломит. Выходит во двор и видит там девицу сказочной красоты. Иван:

— Ты кто?

— Я дочь бабы-яги, а ты кто?

— А я Иван (ударяя себя кулаком по лбу) — дураааак!

* * *

Сардинка увидела подлодку и в страхе подплыла к маме.

— Не бойся, дочка. Это всего лишь банка людей.

* * *

В переходе метро.

— Товарищ милиционер. Прямо перед вами играют в «наперсток», а вы проходите мимо.

— Ищите дураков в другом месте. Я вчера поставил тысячу рублей и все продул.

* * *

Идет урок математики. Учительница спрашивает домашние задания.

— Ну что, Маша, кем работает твой папа?

— Мой папа — милиционер.

— Сколько получает?

— 100 тысяч рублей.

— А мама?

— Мама у меня — инженер. Получает 50 тысяч рублей.

— Ну и сколько у вас бюджет семьи?

— 150 тысяч.

— Молодец, 5.

Дошла очередь и до Вовочки.

— Ну, папа у меня директор коммерческого магазина. Получает 7 миллионов. Мама у меня главный бухгалтер банка. Получает 5 миллионов. Бюджет семьи у нас 50 миллионов.

— Садись, Вовочка. Два!

— Да черт с ней, с двойкой. Зато как люди живем!

* * *

Построили японцы посреди Москвы аттракцион. Сверху написали «Специально для русских». Вход 50 рублей. Мужик один заходит, а его вежливый магнитофонный голос в кресло приглашает сесть. Он сел, его автоматически пристегнули, после чего кресло винтом взвилось к потолку. В потолке открывается люк, и мужик туда головой проходит. Вдруг ему кто-то ногой в кирзовом сапоге по этой самой голове как даст! Кресло сразу вниз, и мужика отстегнули. Он в ярости бежит на второй этаж. Смотрит — в полу люк открылся, а оттуда голова. Он по ней как... И пошел на выход довольный.

* * *

Вовочка — отцу:

— Я вчера на улице нашел 200 рублей и отнес их в милицию. А что бы ты сделал на моем месте?

— То же, что и ты. Соврал.

* * *

Встретив гестаповцев, Штирлиц выхватил шашку и закричал: «Порублю!»

Гестаповцы скинулись по рублю и убежали.

* * *

Гаишник приходит к капитану:
— Товарищ капитан, у меня сын родился...
— Выпишем тебе премию 40 рублей.
— Так ведь сын...
— Выпишем еще премию 40 рублей.
— Ну, ведь сын!
— Ладно, бери знак 40 и ставь, где хочешь.

* * *

Старшина построил солдат, чтоб денежное довольствие раздать.
— Иванов!
— Я!
— 1200 рублей, получи, распишись.
— Петров!
— Я!
— 1250 рублей, получи, распишись.
— Итого! Куда он провалился, дурак? Ему больше всех дают, а он как сквозь землю...

* * *

Поезд. В купе сидят два мужика. Пересекают границу Россия—Украина. В купе вваливаются три таможенника:

— Наркотики, оружие, валюта?!
— Да нет, спасибо. Два чая, если не затруднит.

* * *

Репортер спрашивает у крупного бизнесмена:
— Как вам удалось составить такое состояние?
— Когда я впервые вступил на американскую землю, у меня в кармане был только доллар. С него я и начал свою деятельность.
— Как же вы распорядились этим долларом?
— Я заплатил его за телеграмму в Бердичев. «Папаша, — написал я, — срочно высылайте, сколько можете».

* * *

Нанимает американский генерал летчиков на работу. Заходит немец. Рассказывает, сколько налетал, в каких операциях участвовал. Генерал спрашивает:
— А сколько ты хочешь получать?
— 3 тысячи долларов.
— А на что ты их потратишь?
— Ну как? Одну в банк положу, одну — семье, одну — себе.
Заходит англичанин. Тоже рассказывает, сколько налетал, в каких операциях участвовал.
— А сколько ты хочешь получать?
— 4 тысячи долларов.
— А на что ты их потратишь?
— Ну как? Одну в банк положу, две — семье, одну — себе.

Заходит русский. Генерал спрашивает:
— Сколько налетал?
— Нисколько.
— В каких операциях участвовал?
— Ни в каких.
— А сколько получать хочешь?
— 9 тысяч.
— А зачем тебе столько?
— Ну как? Три — вам. Три — себе. А за три немец летать согласился.

* * *

Маленький американец заявился к врачу:
— Послушайте, док. Мне кажется, я заболел корью. Однако могу никому об этом не говорить.
— Будьте благоразумны, — продолжал он, увидев изумление на лице врача. — Дайте мне 10 долларов, я пойду в школу и распространю болезнь на остальных учеников.

* * *

Гаишник останавливает машину и говорит: мол, так и так, вы превысили скорость, платите штраф в размере 5 тысяч рублей. Ну, водила ему: мол, без проблем. А гаишник ему: «А рубль сегодня равен американскому доллару!»

* * *

В квартире киллера звонит телефон. Тот снимает трубку:

— Алло?

— Дело есть, убрать кой-кого надо. Дом такой-то, квартира такая-то, подъезд...

— А сколько платите-то?

— 2 миллиарда долларов.

— Так на хрена тогда мне нужен подъезд?!

* * *

Новый русский (бывший двоечник) рассказывает своему школьному приятелю (бывшему отличнику, а теперь еле сводящему концы с концами), как он делает бизнес:

— Вот возьмем сигареты. Там покупаем за 1 доллар, а тут продаем по 3 доллара. Вот так на 2 процента и живем.

* * *

— Можно ли к телефону Рабиновича?

— Он на даче.

— Зимой на даче?

— Он на даче показаний. У прокурора.

* * *

Ночь. Пост ГАИ. Стоит гаишник и видит, что со скоростью 150 километров несется «Газель». Ну, понятное дело, останавливает ее. Из «Газели» выходит бритый мужик и молча дает гаишнику стодолларовую купюру.

— Ты что, новый русский?

— В натуре, начальник.

Гаишник ему не верит, подходит к машине и видит, что действительно сиденья кожаные, с подогревом, в руле дырки для пальцев…

— Да ты что? Ведь тебе надо на «Мерседесе» или БМВ ездить. А это что — грузовик. Что ты в кузове возить-то будешь?

— Это не кузов — это чейнджер на 100 тысяч компакт-дисков.

* * *

Группа новых русских разъезжает в джипе. Их останавливает полицейский и говорит:

— Дайте, пожалуйста, документы.

— Да ну тебя, вот бери 100 долларов и все!

— Нет, пожалуйста, дайте документы.

— Зануда, вот 200 долларов.

— Документы на машину, и побыстрей!

Ему дали документы. Он посмотрел, посмотрел и говорит:

— Послушайте, здесь написано… число мест 4+1, а вас в машине 16 человек!

— Ты что, сдурел? Смотри, там сзади написано 4×4!

* * *

Приходит мужик в похоронное бюро и спрашивает, какие у них гробы есть. Ему показывают хромированный цинковый гроб, цена — 500 долларов.

— Не-е, дорого. А еще какие есть?

Показывают деревянный, обитый красным бархатом, цена — 200 долларов.

— А подешевле чего нету?

Показывают картонный, цена — 50 долларов.

— Тоже дорого...

— Так вы кого хоронить собираетесь?

— Да тещу...

— А-а-а, ну тогда приносите тещу, мы за доллар к ней ручки прибьем...

* * *

Стоят два американца на Бруклинском мосту. Первый говорит второму:

— Смотри, вон идет француз. Спорим на доллар, что он сейчас с моста прыгнет!

— Спорим!

Первый подходит к французу и говорит:

— Месье, а вы знаете, что у вас во Франции закрыли все публичные дома?

Француз хватается за голову и прыгает с моста. Идет англичанин. Спорят на 10 долларов, что он тоже спрыгнет с моста.

— Сэр, а вы знаете, что у вас в Англии закрыли парламент, а в его помещении открыли публичный дом?

Англичанин хватается за голову и прыгает с моста. Идет русский. Спорят на 100 долларов, что русский никогда не спрыгнет с моста.

— Товарищ, а вы знаете, что с этого моста прыгать нельзя?

Русский со словами: «А мне все пофигу!» — прыгает с моста.

* * *

Приходит сын к отцу и говорит:

— Папа, а ты видел мятый доллар?

— Ну, дык, конечно, видел.

— Пап, а 100 долларов видел мятых?

— Ну, видел, — ответил папа, подумав.

— Пап, а 10 тысяч долларов мятых видел?

— Не, не видел.

— Так ты, пап, сходи в гараж, полюбуйся...

* * *

На полевых занятиях инструктор по тактике, разрешив курсантам сесть на землю, начал рассказывать о размещении огневых средств на местности различного вида. Один курсант задремал. Инструктор назвал имя заснувшего курсанта, и тот, разбуженный толчком товарища, успел услышать лишь окончание вопроса инструктора: как он оценивает данную местность? Курсант посмотрел вокруг и сказал:

— Я полагаю, 10 долларов за акр будет вполне нормально, сэр.

* * *

Два ковбоя скачут по прерии. Один другому говорит:

— Джо, держу пари на 100 долларов, что ты мое дерьмо не съешь.

— Съем, — отвечает тот.

Поспорили. Джо съел, Биллу пришлось выложить 100 долларов. Скачут дальше. Джо стало обидно за себя, он и говорит:

— Билл, держу пари на 100 долларов, что ты мое дерьмо не съешь.

— Съем.

Поспорили. Билл съел, Джо выложил 100 долларов. Скачут дальше. Вдруг Билл говорит:

— Джо, сдается мне, что мы с тобой дерьма бесплатно наелись.

* * *

Новый русский приходит в оружейный магазин и выбирает револьвер.

— Какую систему желаете?

— Не знаю точно... Человек на пять-шесть.

* * *

По традиции, существующей в армии США, получивший первое офицерское звание должен подарить доллар первому военнослужащему, отдавшему ему честь. Один генерал, приглашенный в военное училище на торжественную церемонию производства курсантов в офицеры, поздравил всех новоиспеченных вторых лейтенантов, стоящих в строю, и отдал им честь, заработав тем самым сразу 200 долларов.

* * *

В Афганистане... ну, скажем, сержант принимает пополнение. Доходит очередь до одного из новобранцев.

— Кем был на гражданке?

— Фарцовщиком...

Сержант соображает, что с ним делать?

— Ладно, за каждого душмана даю 10 долларов. Идет?

— О'кей.

Наутро сержант просыпается — за окном толпа душманов. Елки, думает, откуда столько денег возьму? Вызывает фарцовщика:

— Слушай, многовато будет! Давай по 5 долларов!

— Ну, ты даешь! Я их сам в Пакистане по 5 баксов брал!

* * *

У адвоката:

— Хочу развестись с женой.

— Пожалуйста. 1000 долларов.

— Что? Вы с ума сошли! За 500 долларов ее берутся пристрелить!

* * *

Новый русский — архитектору:

— В парке, рядом с виллой, постройте три бассейна: один с теплой водой, один — с холодной, а третий — вообще без воды.

— Зачем же без воды?

— Некоторые братаны не умеют плавать.

* * *

Мужик в магазине ритуальных услуг рассматривает гробы.

— Как вы думаете, какой гроб лучше купить?

— Трудно сказать, — отвечает продавец. — Цинковые, конечно, долговечнее, однако деревянные полезнее для здоровья.

* * *

Приходит новый русский в швейцарский банк и просит ссуду в 100 долларов.

Там страшно удивились, но говорят:

— Видите ли, мы ссуду так просто не даем — необходим залог.

Новый русский:

— Нет проблем. Вон видите — стоит мой новенький «Мерседес», в вашей стране куплен. Пожалуйста, берите в залог.

Все было оформлено как полагается, и новый русский в скором времени уехал в Россию.

Через год он вернулся в Швейцарию, зашел в банк, вернул сто долларов плюс 3 доллара процентов. Изумленный управляющий спрашивает:

— Объясните все-таки, зачем вам нужна была такая незначительная сумма?

— А где еще я мог бы найти другую такую надежную стоянку за 3 доллара в год?

* * *

Заходит ковбой в салун. Пах-пах-пах...

— Бармен! Два стакана виски.

Принесли два стакана виски. Он выпил и, засыпая, говорит:

— Бармен! Разбудишь меня в 4 утра.

— Хорошо, сэр!

Разбудили его в 4 утра, он заплатил 2 доллара, вскочил на лошадь и поскакал дальше. Целый день скакал, подлетает к другому салуну. Пах-пах...

— Бармен! Два стакана виски.

— Пошел прочь! Мы здесь негров не обслуживаем.

Ковбой подходит к зеркалу, смотрит и глазам своим не верит:

— Надо же! Не того разбудили.

* * *

Урок математики в грузинской школе.

— Дэти, сколько будэт 2×2? Иванов!

— Четыре...

— Нэправилно... Эй, Гиви, пачему Иванов уполз под парта?!

— Учител, он же соврал учитэлю! Вот я его и зарэзал!

— Хм. Ну тогда ты скажи сколко будэт 2×2.

— 1000!

— Тоже не то. Скажи ты ему, Заур.

— Эээ, Гиви, синий ишак, 2×2 будет 7!

— Да, да, Заур, где-то так 6-7-8. Но никак не 1000!

* * *

Выходит пьяный из ресторана:

— Швейцар, такси к подъезду!

— Я не швейцар, я адмирал!

— Тогда катер к трапу!

* * *

Вовочка пишет сочинение:

«Хорошо зимой: можно покататься на лыжах, на коньках, на санках. А однажды я видел, как мой папа мчался по дороге на автомобиле, а за ним еще двое на автомобиле. Папину машину занесло, и он со всего размаху — в столб. Хороша русская зима!»

* * *

Подбегает мужик к милиционеру и говорит:

— Заберите меня, иначе я убью свою тещу.

— Убей заодно и мою, а я тебе помогу поменьше срок получить.

Тот плюнул и побежал к прокурору.

— Товарищ прокурор, заберите меня, а то я убью свою тещу.

— Убей и мою, помогу меньше сидеть.

Мужик напился, пошел и убил трех тещ — свою, милиционера и прокурора. Идет суд:

— За убийство трех тещ гражданин Иванов приговаривается к шести месяцам заключения.

Судья оборачивается и тихонько говорит:

— А если бы и мою убил, вообще бы ничего не получил!

* * *

Ван Дамм идет по улице, видит — мужик красит забор. Подходит:

— Эй, мужик, ты чего делаешь?!

— Да вот решил забор покрасить.

— Что-о-о-о? Ты куда меня послал?! — Избил мужика, руки-ноги переломал, пошел дальше. Смотрит, другой мужик с лопатой ковыряется.

— Эй, мужик, ты чего делаешь?!

— Да вот надо канаву вырыть.

— Что-о-о-о? Ты куда меня послал?! — Тоже изувечил мужика. Идет, смотрит Шварценеггер дрова колет.

— Эй, Шварц, ты чего делаешь?!

— Да пошел ты!..

— А-а-а, дрова колешь.

* * *

Читальный зал библиотеки, народ что-то очень старательно ищет в умных книжках и старательно переписывает в свои блокнотики-тетрадки. Только один мужик очень быстро перелистывает газету и громко говорит:

— Ни хрена... ни хрена... ни хрена.

Его очень вежливо и шепотом просят:

— Товарищ, про себя.

Мужик очень быстро шуршит газетами и громогласно заявляет:

— И про меня ни хрена!

* * *

Волшебная палочка из русской сказки: махнешь три раза — и любое желание пропадает...

* * *

Новый русский покупает квартиру и спрашивает:

— А это тихая квартира?

— Очень тихая! Предыдущего владельца пристрелили, так никто и не услышал!

* * *

— Какой русский не любит быстрой езды?
— Тот, на котором ездят.

* * *

Лингвистический конгресс. Докладчик:
— Латынь — прародительница всех языков.
Вот, например, русские купцы украли кошелек
в Риме и удрали через Тибр. С тех пор в России
появилось выражение «стибрить».

* * *

Мужик заполняет анкету в отделе кадров.
На вопрос, какими языками он владеет, отвечает:
«Русским, производственным и матерным».
Кадровик заглядывает через плечо:
— Производственный и матерный — одно
и то же.

* * *

Круиз по Средиземному морю. На палубе корабля стоят два новых русских и беседуют о делах. Вдруг корабль качнуло, и один из них падает в море. Тот, который упал, зовет на помощь. Его собеседник пристально смотрит вниз, потом говорит:
— Колян, ну ты там смотри, чтобы все было нормально.

* * *

Русский и турок идут рядом и разговаривают. Турок, чтобы поддеть русского, говорит:

— У вас в России что ни Иван, то дурак.

— Правильно. У нас таких турками зовут.

* * *

— Что ты делаешь здесь, Михель?

— Наблюдаю, откуда русские наступать будут.

— А зачем тебе это знать?

— Чтобы предупредить своих, в какую сторону бежать.

* * *

На уроке русского языка.

— Дэти, сегодня ми пишем диктант. Первое предложение: «С ветки упал сухой лист».

Один из учеников:

— А что такое «сухой лист»?

— Да нэ знаю. Наверно, птиц такой...

* * *

Как-то раз въехал новый русский на своем «Мерседесе» в столб на скорости 100 километров в час. Сидит:

— Е-мое, мой новый «Мерседес»... О-о-о, мой новый «Мерседес», о-о-о...

Друг ему:

— Вась, глянь, у тебя ж руки нет!

— О-о-о, мой новый «Ролекс»!

170

* * *

Знаменитый русский певец Вертинский, уехавший еще при царе, возвращается в Советский Союз. Он выходит из вагона с двумя чемоданами, ставит их, целует землю, смотрит вокруг:

— Не узнаю тебя, Русь!

Потом оглядывается — чемоданов нет!

— Узнаю тебя, Русь!

* * *

После совместного полета советский и вьетнамский космонавты дают пресс-конференцию. Вопрос вьетнамскому космонавту:

— Скажите, почему у вас все руки синие?

— А меня русский товалища все время по лукам била и говолила: «Ничего, гада, не тлогай, не твое!»

* * *

Встречаются два мужика:

— Иван, а что это у вас пшаница не растеть?

— Дык не содим ведь!

— А что не содите?

— Дык не растеть!

* * *

Сидят в засаде снайперы (русские), и тут окрик:

— Саид!

— (В ответ.) Чего? — Выстрел, труп.

— Мухамед!

— (В ответ.) Чего? — Выстрел, труп.
С другой стороны:
— Иван,… Иван,… Иван! (Тишина.)
— Кто кричал «Иван»?
— Я!.. — Выстрел, труп.

* * *

Приезжает новый русский на бензоколонку, заправился и поехал дальше. Скорость 100, а его «Запорожец» обгоняет. Прибавляет до 150 — «Запорожец» его обгоняет. Новый русский обалдел, прибавляет еще газу. Идет 250 — «Запорожец» его обогнал. Ну, новый русский его догоняет, прижал, выходит и говорит:
— Слушай, не въеду: у тебя «Запорожец», а не «Бугатти», не «Порше», а ты меня обошел. Как это?
— Да ты, урод, мне подтяжки на бензоколонке прищемил.

* * *

Русская деревня второй половины девятнадцатого века. Бунт. Толпа мужиков с кольями и топорами идет громить усадьбу. Сожгли овин, подходят к барскому дому, навстречу им выходит барин в халате. Мужики остановились. Барин посмотрел, почесал живот и спросил:
— Ну, чего вам?
Мужики постояли, помолчали и начали по одному расходиться. А на следующий день зачинщик бунта Иван Лаптев бросил ложку, коей он хлебал щи, хрястнул кулаком по столу и заорал:
— А ничего!

172

* * *

Новые русские едут на 600-м «Мерсе»: радиотелефон, прочие прибамбасы. Останавливаются на светофоре, сзади их пинает старенький «Запорожец». Выходят — пальцы веером:

— Ты что, в натуре?

Владелец запорожца:

— Мужики, простите, я бедный слесарь, денег нет даже тормоза сделать.

Эти посмотрели, удар очень слабый, даже бампер не поцарапан.

— Ладно, что с тебя возьмешь, езжай дальше.

Следующий перекресток, опять слабый удар сзади. Поворачиваются — опять тот же «Запорожец». Выходят. Все то же самое. Третий перекресток. Опять слабый удар. Оборачиваются: сзади опять тот же «Запорожец». Его водитель открывает окно и с милой улыбкой машет ладошкой сидящим в «Мерсе», как старым друзьям:

— Свои, свои-и-и!

* * *

Поймали индейцы немца, поляка, русского и говорят им:

— Вот вам огненная вода на халяву (сами они ее обменяли на последние шкуры в ближайшем форте). Пейте, сколько хотите. Стреляйте вон в того орла на вершине горы. Кто попадет, того наградим сокровищами Майя, а в противном случае кай-кай.

Выходит вперед немец, выпивает рюмку, стреляет, промахивается, и его уводят.

173

Выходит поляк, выпивает рюмку, промахивается, и его уводят.

Выходит русский, выпивает рюмку, со вздохом опускается на траву и начинает пить. Кончается неделя, а вместе с ней и запасы огненной воды. Русский дрожащими руками берет в руки ружье, с разворота стреляет по вершине — от орла летят перья. Удивленные индейцы спрашивают:

— Как же ты, о белый вождь, это сделал?

А он им в ответ:

— А чего особенного — из трех стволов да по стае ворон.

* * *

Квартирный вор делает замечание напарнику:

— Тише ты, этажом ниже тяжелобольной лежит.

* * *

Главврач вызывает к себе санитара:

— Вы что, совсем рехнулись? Зачем сказали больному, что мы собираемся отрезать ему ноги? Санитар хохочет:

— Чтобы заставить его ходить!

* * *

На вокзале в Риме провинциального вида старушка подходит к окошку кассы и спрашивает, сколько стоит билет на Палермо.

— 10 тысяч лир, синьора.

Старушка оборачивается к своей спутнице и говорит:

— Придется, видимо, купить. Я уже спрашивала во всех кассах, и всюду цена у них одинаковая. Не иначе как договорились...

* * *

— Вот эти пули пробивают бревна толщиной до 30 сантиметров. Так что держите головы ниже!

* * *

Из газетных объявлений: «В районе села N потеряна пехотная мина. Особая примета — разрывается с радиусом осколков 40 метров. Нашедший получит благодарность командования».

* * *

Способ поймать страуса: надо найти в степи страуса и на расстоянии несколько метров от него начать идти по кругу вокруг него. Страус станет на тебя смотреть, и будет поворачивать голову вслед за тобой. Круге на третьем голова у него и свернется!

* * *

— 120 километров в час?! Что вы! От силы — 30!
— Может быть, еще скажете, что стояли на месте?
— Да, в сущности так оно и было!

— Хорошо, оплатите штраф — стоянка здесь запрещена.

* * *

Идет по улице мужичонка, невысокий, хлипкий такой. Навстречу ему двухметровый амбал. Подходит амбал к мужичонке поближе да как даст по физиономии. Ну, мужичонка упал, лежит и не шевелится. Амбал проходит еще несколько метров, оборачивается и презрительно говорит:
— О-хо-хо, какие мы нежные!

* * *

Летят в вертолете молодые специалисты к месту распределения над тайгой... Через некоторое время летчик кричит:
— Все! Прилетели! Прыгайте!
— Так высоко ведь! Разобьемся!
— Ладно! — снижается. — Высота 25 метров! Прыгайте!
— ?!..
— Ниже не могу! Начнут запрыгивать молодые специалисты прошлого года!

* * *

Старожил нахваливает приезжему свой город:
— Дома у нас красивые, высокие! На них буквы рекламы — по 5 метров. Одна такая упадет, и нет человека.
— На вас падала?
— Да, однажды.

— А как же вы живы остались?
— На меня мягкий знак упал.

* * *

США, космодром, запуск корабля многоразового
использования. На заборе сидят две вороны
и спорят:
— Взлетит!
— Не взлетит!
— Взлетит!
— Не взлетит!
Корабль поднимается на несколько метров
и взрывается.
— Как ты догадалась?
— Служу Советскому Союзу!

* * *

«Дорогая ты моя», — сказал сантехник Петров,
помогая жене надеть новую норковую шубу.

* * *

«Дорогой Анатолий Михайлович, после ваших
сеансов почувствовали себя хорошо. Теперь по
ночам танцуем и поем. Правда, люди немного пу-
гаются, но стали привыкать. С уважением жиль-
цы второго городского кладбища».

* * *

— Я просил вас настроить фортепиано, а не
целовать мою жену!

— Пардон, она тоже была такая расстроенная...

* * *

— Доброе утро, господин Коган. Куда спешите?

— Да вот решил застраховать свою дачу от пожара и града.

— Хм. От пожара — это я понимаю. Но как вы устроите град?

* * *

В отдел кадров пришел человек.

— Я хотел бы устроиться к вам на работу. Я дизайнер.

— По роже вижу, — говорит кадровик, — что не Иванов. Профессия у тебя какая?

* * *

В похоронном бюро.

— По какому разряду вы хотели бы устроить похороны, мсье?

— По самому дешевому, четвертому.

— А вы знаете, что по этому разряду венки несет сам покойник.

* * *

Когда за огромные долги стали распродавать имущество одного римского аристократа, Цезарь повелел купить себе его подушку. На недоуменные вопросы сподвижников Цезарь ответил:

— Нельзя упустить эту чудесную подушку. На ней можно спать спокойно, имея такие долги!

* * *

Управляющий беседует с молодым человеком, который хочет устроиться на работу:

— В нашей фирме, — говорит управляющий, — очень заботятся о чистоте. Вы вытерли ноги о коврик перед тем как войти?

— О да, разумеется.

— Во-вторых, — продолжает управляющий, — мы требуем от наших сотрудников правдивости. Никакого коврика там нет.

* * *

Из приказа: «В дополнение к термину "вероятный противник" ввести в обращение термины "возможно, союзник", "видимо, предатель" и "партизан, если не испугается"».

* * *

Однажды подполковник Сидоров научил ефрейтора Сомова наматывать портянки, а сам попросил научить его завязывать шнурки.

* * *

Шериф зашел в бар и заказал себе бутерброд с сыром. Получив заказ, он подозрительно изучил дырочки в сыре и хмуро обратился к бармену:

— Слушай меня внимательно, Билл, и запомни: еще одна перестрелка в этом году, и я прикрою твое заведение.

* * *

В бар заскочил кенгуру и потребовал мартини. Бармен, прежде видевший кенгуру только по телевизору, страшно удивился, но все-таки выполнил заказ.

— Сколько с меня? — спросил кенгуру.

— 5 долларов, — ответил бармен. Кенгуру заплатил и залпом выпил бокал.

Тут бармен не выдержал и сказал:

— Надо же! Прежде никогда не видел, чтобы кенгуру пил мартини.

— И больше не увидишь, жлоб. С такими-то ценами.

* * *

В Монте-Карло из казино выходят два человека. Один совсем голый, а другой в трусах.

— Вы мне даже нравитесь, — говорит голый. — Знаете меру и своевременно останавливаетесь.

* * *

— Боцман, барометр упал.
— Сильно?
— Вдребезги.

* * *

— Гогия! Ты в каком банке деньги хранишь?
— В трехлытровом...

* * *

Как-то по другому посмотрел космонавт Петров на космонавта Иванова, когда на космическом корабле кончилась еда.

* * *

Изобретатель демонстрирует свое новое изобретение.
— Я разработал систему, которая позволяет установить личность человека по голосу.
— Интересно, что я должен сделать?
— Вы должны четко и ясно назвать свои имя и фамилию...

* * *

— Гиви, ти что кушаешь?
— Рыба.
— А гдэ взял, да?
— Сам припрыгал.
— А пачэму зэленый?
— Маладой эще...

* * *

Жила на свете собачка, было у нее три ноги... Когда она писала, она всегда падала...

* * *

Встречаются двое:
— Аллах Акбар!
— Воистину Акбар!

* * *

Что общего между снегом и травой? По снегу
и по траве танк на одной скорости прет.

* * *

— Разрешите представиться: я ваш новый
участковый рэкетир. Надеюсь на взаимное ува-
жение.

* * *

— Если инструктор падает в трещину, не мешай
ему — он опытнее тебя и знает, что делает.

* * *

Объявление: «Меняю трехкомнатную квартиру
в Уссурийске на картонную коробку в Нью-Йорке, пригород не предлагать».

* * *

— А если в бою патроны кончатся, что делать?
— Стрелять дальше, чтобы ввести противника
в заблуждение.

* * *

— Чем вы занимались до семнадцатого года?
— Сидел и дожидался.
— А после семнадцатого?
— Дождался и сел.

* * *

Экзамен по физике в техникуме. Билет 1: Вопрос 1. В чем измеряется сила тока? Вопрос 2. А не в амперах ли?

* * *

— На маскараде я всегда надеваю костюм Наполеона.
— Почему?
— Я могу спокойно держать руку на своем бумажнике.

* * *

Диалог двух эскулапов:
— Что ты скажешь об этом больном?
— Я в шоке! Сделал ему две операции, а он все еще жив!

* * *

— Господа, но ведь так жить нельзя! Хотя бы баня в полку есть?
— Так называемая есть, но как таковая отсутствует.

* * *

В отделе кадров интересуются у нанимающегося на работу:
— А как насчет выпить? Любитель?
— Обижаете... Профессионал!

* * *

— Ну, как удалась ваша охота?
— Неплохо. Впятером убили одного зайца.
— А как же вы его поделили?
— А мы его не нашли!

* * *

Новогодний карнавал. Ведущий:
— Первое место заняла маска «лоха» — 3-й ряд 8-е место.
Из зала:
— Ой... а я ж нэ грав!

* * *

— Сэр! На вас села муха. Ой, сэр, на вас села еще одна муха! Нет, нет, сэр! Я ничего не хочу сказать, но мухи редко ошибаются...

* * *

Подходит Грицько до Петра:
— Привит, Петро!
Тот как замочит его в челюсть. Грицько поднимается:

— Петро, за що?
— А щоб знав.

* * *

В техасской таверне:
— Джо, ты, кажется, зазнался?!
— В чем дело?
— Вчера я всадил в тебя целую обойму, а ты даже не обернулся.

* * *

— Может быть, обвиняемый назвал вас ослом в приступе внезапного гнева?
— О, нет! Перед этим он долго и внимательно разглядывал меня.

* * *

Разговор мужа и жены:
— Слушай, что мы подарим на этот раз моей маме на день рождения?
— А что мы дарили в прошлый раз?
— В прошлый раз мы подарили ей стул.
— Ну а теперь подведем к нему электричество.

* * *

В воскресное утро ни мужу, ни жене не хочется вставать первым. Муж не выдерживает:
— Милая, хочешь кофе?
— С удовольствием.
— Тогда принеси чашечку и мне.

185

* * *

Встречаются два грабителя.

— Не одолжишь мне сотню долларов до закрытия банка?

* * *

— Подсудимый, расскажите суду о вашем плане ограбления банка.

— Не могу: в зале много конкурентов.

* * *

«Мефистофель-Банк» принимает денежные средства от населения под 666 процентов годовых. Адрес банка: Лысая гора, строение 2.

* * *

Продается мясо сгущенное в банках. Состав: мясо — 10 %, белки — 20 %, зрачки — 20 %, банка — 20 %...

* * *

— Учител, пачиму ви пишите слово «кон» бэз мягкого знака?

— Патаму что это щелочь, дурак!

* * *

Идет панихида. В зал вбегает взмокший человек, подходит к гробу и что-то сует в ноги покойнику.

186

— Что это ты? — спрашивает знакомый, когда тот встал рядом.

— Весь город обежал. Нигде цветов нету. Так я ему шоколадку…

* * *

2020-й год. Крупный заголовок в «Нью-Йорк Таймс»: «Колхозники Техасщины, Мичиганщины и Примиссисипья перевыполнили план по весеннему севу».

* * *

Два дворовых пса внимательно следят за пушистой болонкой.

— Красавица! — вздыхает один.

— Не то слово: видел бы ты ее мокрой — не фигура, а загляденье!

* * *

У мужика в квартире засорился унитаз. Он вызвал сантехника. Приходит здоровенный амбал. Выдернул трубу, выдохнул и всосал. Ничего нет. Всосал еще раз — опять ничего. Всосал сильнее. Раз — выплюнул мужика:

— Вот причина вашей аварии!

— Я — не причина! Я живу этажом ниже!

* * *

— Ваша профессия?

— Солист.

— Где поёте?
— Нигде. Я солю капусту, помидоры и огурцы.

* * *

Певица после провала говорит пианисту:
— Вы самый плохой пианист в мире!
— Не думаю. Это было бы слишком редким стечением обстоятельств.

* * *

Свинья увидела на стене сарая электророзетку:
— Что, дохрюкалась? Замуровали?

* * *

Объявление: «Слетел с бельевой веревки носок. Зеленый, заштопанный на пятке. Просьба вернуть за вознаграждение».

* * *

В продажу поступил набор «Неделька», состоящий из семи «Мерседесов» основных цветов спектра.

* * *

Социологический опрос рабочих и крестьян: «Что вы читаете? Как вы живете?»
Один отвечает:
— Читаю газеты, иначе откуда бы я знал, что хорошо живу?

* * *

— Игнат, пошли в баню за компанию!
— Не хочу, я привык в пруду мыться. Красота!
— А зимой как же?
— Да сколько той зимы...

* * *

— Ну как, помог вам, Георгий Александрович, мой способ от бессонницы?
— О, да, вчера досчитал до 367 899.
— И заснули?
— Нет. Уже пора было вставать.

* * *

— Помните, парни: этот дом вы должны выстроить отлично — работаете на себя!
— А что здесь будет?
— Вытрезвитель.

* * *

— Клавдия Сергеевна, не одолжите ли мне пылесос?
— Пожалуйста, но только пользоваться в моем доме.

* * *

Стоит новый русский возле шикарного новенького четырехэтажного особняка. Растирает пудовыми кулаками слезы по щекам, в шейный платок

189

от Версаче сморкается. Подъезжает другой новый русский:

— Ты что ревешь-то, опять налогами давят?

— Не-е... Вот сиротский домик построил, завтра презентация...

— Ну, так сиротский же. Благотворительность престижу пользительна, что убиваться-то?..

— Оно-то так, да как же я один буду в этаком домище жить, сироти-и-инушка...

* * *

Телеинтервью с долгожителем:

— Как вам удалось так хорошо сохраниться в ваши 185 лет?

— Когда была Великая октябрьская революция...

— Знаете, расскажите лучше о декабристах!

— Когда была Великая октябрьская революция...

— Пожалуйста, расскажите лучше о Пушкине!

— Когда была Великая октябрьская революция, творился такой бардак, что мне приписали лишних сто лет!

* * *

В суде:

— Итак, следствие установило, что преступление было совершенно в ночь с двадцатого на двадцать первое...

— Простите, я не расслышал. В ночь с двадцатого на какое?

* * *

Двое:
— Привет, дурак.
— Сам привет.

* * *

Пожелание врагу:
— Чтобы я увидел тебя на костылях, а ты меня одним глазом!

* * *

Казнь. Палач занес топор. Подсудимый поднимает голову и спрашивает:
— Какой сегодня день?
— Понедельник.
— Ну, блин, и начинается неделька.

* * *

Жена спрашивает мужа:
— Почему ты не носишь свадебное кольцо?
— В такую жару!..

* * *

Мужик тащит огромный рюкзак, набитый пустыми бутылками. Прохожий спрашивает:
— Не принимают?
— Не знаю, я вообще-то к матери. Жена из дому выгнала и велела забрать все свои вещи.

191

Жених с невестой обсуждают будущую совместную жизнь.

— Обещай мне, милый, что ты откажешься от покера.

— Да, любимая.

— И от курения.

— Да, моя киска.

— И от пива.

— Это все?

— А от чего еще ты думаешь отказаться?

— От женитьбы.

* * *

Проснувшись утром, я подумал: «А почему бы мне не сходить на работу?» И не сходил...

* * *

Надпись на парашюте: «Пожалуйста, будьте так любезны, если вам не трудно, настоятельная просьба, мы будем вам глубоко признательны, не сочтите за труд, заранее благодарны, потяните за это кольцо».

* * *

Жил лысый (вернее, почти лысый) мужик — было у него четыре волоса на голове. И каждое утро он причесывал два волоса налево, два направо и шел довольный на работу. Потом один выпал, он зачесал два налево, один направо. Еще один выпал, мужик причесал один волосок налево, другой направо. Но вот остался один волосок. Мужик, стоя перед зеркалом, говорит:

— Ну вот. Теперь лохматым и непричесанным ходить придется!

* * *

Посреди ночи в плацкартном вагоне раздался страшный грохот.

— Что такое? — заволновались пассажиры.
Один мужик говорит:
— Успокойтесь, это моя майка упала.
— А что ж так громко?
— Да я из нее вылезти не успел.

* * *

После занятий по строевой подготовке новобранец сказал своим товарищам:

— Все таки я сумел одурачить нашего инструктора по строевой подготовке, когда он поставил нас по стойке «смирно».
— Это каким же образом? — спросили товарищи.
— Я сделал фигу из пальцев на ноге.

* * *

Ракетчика спросили, что первым приходит в движение при пуске ракеты.

— Расчет, — ответил он, — разбегается по укрытиям.

* * *

После занятий по телевизионным системам один связист пришел к такому выводу: «Основное различие между радиоприемником и телевизором в том, что с помощью радиоприемника можно услышать помехи, а с помощью телевизора их можно и увидеть».

* * *

Только в России ответ «Ничего» на вопрос «Как дела?» может обозначать «неплохо».

* * *

При проверке электрических цепей ракеты перед ее пуском главный электрик оказался в затруднительном положении.

— Ну-ка подойди, — позвал он помощника, — возьмись рукой за один из этих двух проводов.

Помощник сделал, как ему велели.

— Чувствуешь что-нибудь?

— Нет.

— Хорошо, — сказал главный электрик. — Так и должно быть. А другой провод не трогай: может убить током.

* * *

Надпись на гараже: «Машины, ямы нет, велосипед уже украли. Просьба не беспокоиться».

Приходит еж к сове.
— Сова, ты такая мудрая. Скажи, к чему правая лопатка чешется?
— От кого-то убегать будешь.
— Сова, а к чему левая лопатка чешется?
— Кто-то тебя догонять будет.
— А к чему ушко чешется?
— Кто-то тебя бить будет.
— Сова, а к чему носик чешется?
— Слушай, еж, ты бы помылся!

* * *

Инструктор:
— Способ применения магнитных мин: отважный советский матрос подплывает к вражескому кораблю, подносит мину к днищу, та прилипает и взрывает вражеский корабль.
Слушатель:
— А если корабль немагнитный?
— Тогда отважный советский матрос подплывает к другому вражескому кораблю и т. д.
— А если и тот корабль немагнитный?
— Какой такой немагнитный?
— Ну, эта... Деревянный!
— Отважный советский матрос знает, какой корабль немагнитный, а какой вражеский!..

* * *

Часовой (восточной наружности):
— Твоя-моя стой! Стрелять хачу аднако!

— Стою...

— Стреляю!

* * *

— С каких пор у вас возникло чувство, что вы пес?

— Еще с тех пор, когда я был щенком.

* * *

Можно ли из дворняжки сделать бульдога?

— Да, если оторвать хвост и набить морду.

* * *

Вопрос: какое отличие между падением с первого этажа и с десятого?

Ответ: в первом случае сначала слышится бум, потом — а-а-а-а-а-а-а-а-а-а, а во втором случае — сначала а-а-а-а-а-а-а-а-а-а, потом — бум.

* * *

Идет по городу Кинг-Конг. Смотрит, большая драка. Ну, он подождал, пока из драчунов один остался. Поднимает его на ладошке и спрашивает:

— Ты кто?

А тот так гордо:

— Сильвестр Сталлоне!

Кинг-Конг его пальцем раз — и раздавил. Идет дальше. Смотрит, опять драка. Опять один остался. Поднимает его и спрашивает:

— Ты кто?

— Арнольд Шварценегер!

Кинг-Конг и его пальцем. Идет дальше. Видит еще одну драку. Поднимает победителя:

— Ты кто?

— Джекки Чан!

Кинг-Конг его пальцем раз, раз, раз — не попадает.

— Хм, прыткий какой.

И ладошкой его хлоп...

* * *

Приближается Рождество. Гусь в птичнике:

— Друзья, а к чему это мне всю ночь яблоки снились?

* * *

— Доктор, у меня лицо синее!

— Ампутировать! Следующий!

* * *

Жена и муж в ссоре. Обмениваются записками: «Разбуди меня в 7.30», — пишет муж. На следующий день просыпается в 9.00 и замечает записку: «Вставай: уже без двадцати восемь».

* * *

Молодая стенографистка после того, как шеф продиктовал ей письмо:

— Не могли бы вы повторить, что было между «Уважаемые господа...» и «Искренне ваш...»?

* * *

Шла мышка по темному лесу. И чтобы ей не было так страшно, она пела песенку:
— ЛА-ЛА-ЛА-ЛА (исполнять громко и страшно).

* * *

— Молчишь, Кибальчиш?
— Молчу, кибальчу!

* * *

Середина жуткой глухой ночи. Из могилки вылез мертвец, отряхнулся и пошел гулять. Навстречу еще один мертвяк.
— Здорово, друг. А ты из какого века?
— Я из девятнадцатого
— А я — из восемнадцатого.
Дальше идут. Еще скелет тащится.
— Здорово, дружище. Из какого века будешь?
— Какой тебе дружище? Не видишь — с третьей смены иду!

* * *

Идет репетиция государственного симфонического оркестра, дирижер по сотому разу заставляет переигрывать одно и то же место:
— Вторая скрипка, опять вы сбиваетесь с темпа! Еще раз с семнадцатой цифры!
Играют снова. Дирижер опять недоволен:
— Стоп, стоп, стоп! Флейта, здесь не ля, а ля бемоль! Еще раз.

Ударник не выдерживает и в знак протеста остервенело колотит по всем своим барабанам и литаврам. Дикий грохот, все замирают в оцепенении... Дирижер обводит тяжелым взглядом оркестр, долго молчит, потом спрашивает:

— Ну, и кто это сделал?

* * *

Однажды Пушкин решил испугать Тургенева и спрятался на Тверском бульваре под лавкой. А Гоголь тоже решил в этот день напугать Тургенева, переоделся Пушкиным и спрятался под другой лавкой. Тут Тургенев идет. Как они оба выскочат!

* * *

Пушкин шел по Тверскому бульвару и встретил красивую даму. Подмигнул ей, а она как захохочет! «Не обманывайте, — говорит, — Николай Васильевич! Лучше отдайте три рубля, что давеча в буриме проиграли». Пушкин сразу догадался, в чем дело. «Не отдам, — говорит, — дура!» Показал язык и убежал. Что потом Гоголю было!

* * *

Сидит малыш в песочнице, лопаткой играется. Идет мимо дядя:

— Дяденька, скажите мне время?

— А пожалуйста?

— А лопаткой в глаз!

— 16.53

* * *

— Как ваша фамилия?
— Спасибо, хорошо! А ваша?

* * *

Крики в операционной: «Руби!» «Да не ногу, а руку!» «Не правую, а левую!» «Дак ведь по локоть надо было-то!..»

* * *

В тюремной камере один уголовник рассказывает другому:
— Эх, до чего же мы с женой приятно проводили время на берегу моря! Бегали, плескались, закапывали друг друга в мягкий беленький песочек... Пожалуй, когда выйду на свободу, съезжу на то место и откопаю ее.

* * *

— Свидетель, знаете ли вы подсудимого?
— А как же, и очень хорошо! Одно время мы с ним вместе работали в банке.
— Как же это было?
— Как-то ночью я пробрался в банк, а он там уже сейф вскрывал. Пришлось помочь.

* * *

— У вас сигареты не будет?
— Нет.

— А спичек?

— Нет.

— А время не подскажете?

— Нет.

— Так дайте хоть что-нибудь!

* * *

Артисту предстоит участвовать в съемках опасного эпизода. Он с тревогой спрашивает режиссера:

— Послушайте, а этот канат не порвется?

— Молодец! — восклицает режиссер. — Это отличная идея!

* * *

Второклассница Наташа домой из пионерского лагеря: «Кормят здесь хорошо, так что ждите от меня "прибавления"».

* * *

Пропал большой черный дипломат. Нашедших просим вернуть его в посольство Нигерии.

* * *

В похоронном бюро: «С 1-го числа исполнение похоронного марша будет стоить в четыре раза дороже. Для тех, кто не сможет уплатить по новому тарифу, похоронный марш будет исполняться в четыре раза быстрее».

Председатель призывной комиссии допризывнику:

— Где вы желаете проходить службу?

— Вы что, шутите? Неужели я могу выбирать?

— Конечно. Везде, кроме как в женской роте.

— Я так и знал, что вопрос с подвохом...

* * *

Запись в вахтенном журнале: «Обменялись опознавательными знаками с неизвестным судном».

* * *

Встречаются Достоевский с Раскольниковым.

— Как же это ты так, Родя?.. Старушку-то за 20 копеек, а?

— Не скажи, Федя. Пять старушек — рупь!

* * *

— Что случилось с моей опасной бритвой? — спрашивает муж. — Она не бреет!

— Ну уж никогда не поверю, — отвечает жена, — что твоя щетина тверже консервной банки, которую я открыла!

* * *

Сидит мужик дома. Вдруг звонок в дверь. Ну, думает мужик, кто бы это мог быть? Пойду-ка открою. Открывает дверь — на пороге стоит смерть с косой, да только вот ма-а-аленькая такая смерть, величиной со спичечный коробок. У мужика затряслись коленки, дар речи потерял, весь дрожит — испугался, короче, сильно.

— Да ты, мужик, не бойся — я не к тебе, а к твоей канарейке!

* * *

У одного человека были такие длинные ноги, что ему приходилось надевать брюки через голову.

* * *

— Слышали, электрика Петрова током убило.
— А как?
— Да аккумулятор на голову упал.

* * *

Встречаются два пионера, и один другому говорит:
— Ты представляешь, я недавно узнал, что Маркс и Энгельс — это разные люди.
— Это что, а я недавно узнал, что Слава КПСС — это вовсе не человек.

* * *

Молодых десантников учат с парашютом прыгать. Вышли на заданную высоту, открылся люк. Инструктор встал возле люка. Один кричит:

— Боюсь!
Инструктор:
— Пошел.
Второй:
— Я болею!
Инструктор:
— Пошел!
Третий:
— Не хочу прыгать!
Инструктор:
— Пошел!
Четвертый:
— А когда парашюты выдавать будут?
Инструктор:
— Пошел!

* * *

— Финансовые воротилы — это кто?
— Кого уже воротит от денег.

* * *

Нельсону Манделе очень понравился фильм «Чапаев». Особенно место: «Вот всех белых вырежем, настанет счастливая жизнь!».

* * *

Как-то заблудились в тундре два чукчи. Один говорит другому:
— Стреляй, может, услышат.
Тот выстрелил.
— Еще стреляй...

Тот опять выстрелил.
— Еще...
— Не могу — стрелы кончились

* * *

— Я так рад, дружище Сэм, что вы с женой наконец-то помирились!
— С чего ты взял?
— Но я же сам видел, как вы дружно пилили и кололи дрова!
— А! Это мы делили мебель.

* * *

— Бабуся, что это за драка?
— Та-а, это нашенские дерутся, внучек.
— А ну подержи мои плащ и семечки. Я им покажу, как нужно драться.
Через некоторое время:
— Ну, что, внучек?
— Давай, бабуля, плащ! А щемешки шама шелкай!

* * *

Зануда — это человек у которого спрашиваешь «Как твои дела?», и он начинает рассказывать о том, как его дела.

* * *

Встречаются двое:
— Чего это у тебя лицо желтое?

— Да моча в голову ударила!

— А синяк под глазом?

— Да горшок тоже мимо не пролетел.

* * *

— Дяденька, дай закурить!

— А волшебное слово?

— А в глаз?

* * *

На улице стоит лоточник и продает огурцы. К нему подходит бабка и спрашивает:

— Чего это у тебя, мил человек, огурцы такие скрюченные и желтые?

— Да ты на себя-то посмотри, старая!..

* * *

— Вчера приезжаю в роддом — жена родила.

— А какое имя дали?

— Хорошее: Наташа.

— Да, хорошее.

— Только... намучается с ним пацан.

* * *

— А я знаю, что вы на завтрак ели.

— И что же?

— Яичницу.

— Не угадал. Ее мы вчера на ужин ели.

* * *

— Как поживает ваш муж?
— Он стал жертвой науки.
— Неужели рентгеновские лучи?
— Нет, отпечатки пальцев.

* * *

— Почему ты такой грустный?
— Завтра выдают замуж мою невесту.
— Как, за кого?
— За меня...

* * *

— В стране куча хорошеньких девушек, которые не хотят замуж.
— Откуда знаешь?
— Сам предлагал!

* * *

Вернувшись с работы, муж выговаривает жене:
— Сегодня утром ты сварила такой крепкий кофе, что я на службе целый день не сомкнул глаз...

* * *

Ярослава пишет мужу с курорта: «За шесть недель я похудела наполовину. Можно я побуду здесь еще немного?» Муж отвечает телеграммой: «Останься там еще на шесть недель».

* * *

Придя домой после ночи картежной игры, муж хвастается жене:

— Мне сегодня крупно повезло: мой синий костюм, который ты мне сшила за двести рублей, я проиграл как за шестьсот.

* * *

— Я была дурой, выйдя за тебя замуж!
— Да, но я был тогда так увлечен тобой, что этого и не заметил.

* * *

— Вашему мужу нужен абсолютный покой. Вот успокоительное.
— И когда мужу его давать?
— Вы неправильно поняли. Это для вас.

* * *

— О! Какая на тебе великолепная шляпка! Это, наверное, последний крик моды?
— Да, последний, если не считать крика моего мужа, когда он узнал цену этой шляпки.

* * *

Возвращается муж домой и видит на столе записку: «Привет, суп — на столе... вытри его».

* * *

Муж приходит домой, на плите ужин, на столе записка: «Хлеб в хлебнице, яйца в яичнице».

* * *

Муж приходит домой и говорит жене:
— Ах ты, моя сладкоежка! Иди, я купил тебе два килограмма кильки.

* * *

Лоцман речного пароходства говорит довольно нервному пассажиру,
— О, не беспокойтесь: я знаю каждую корягу и мель на этой реке.
В этот момент пароход наскочил на мель с такой силой, что судно застряло в ней от носа до кормы.
— Ага, вот одна из них! — торжественно произнес лоцман.

* * *

Объявление: «Кто нашел оставленную в раздевалке сумку с документами и деньгами, просьба ее вернуть. Вознаграждение вы уже получили!»

* * *

Браконьер убил лося, взвалил его на плечо (правое) и тянет… Навстречу лесник:
— Ты что здесь делаешь?

— Свежим воздухом дышу...

— А это у тебя что?

— Где?

— На плече...

— Ничего! (Смотрит на левое, придерживая лося на правом.)

— А на другом?

— Ой, кто это?! (С чувством страха, удивления и восхищения.)

* * *

Завершен эксперимент по скрещиванию белого и бурого медведей. Обе зверюшки остались довольны...

* * *

Встречаются два заики на узком мосту: один — здоровяк, другой — хилый. Первый второму говорит:

— От-т-тойди!

— С-с-сам от-т-тойди!

— Т-т-ты ч-ч-чег-го д-д-дразнишься!

— Эт-т-то ты ч-ч-чег-го д-д-дразнишься!

Первый столкнул второго в речку.

— П-п-помог-г-гите, п-п-помог-г-гите!

— Н-н-ну с-с-смотри: т-т-тонет и д-д-драз-з-знится!

* * *

Летят два парашютиста (затяжной прыжок). Один другому:

210

— Хочешь яблоко?
— Хочу!
Тот достает яблоко, бросает другому. Через некоторое время:
— Хочешь яблоко?
— Хочу!
Опять достает, бросает. Потом снова:
— Хочешь яблоко?
— Где ты их берешь-то?
— Да у меня полный рюкзак!

* * *

По озеру с дерьмом плывет лодка. Вдруг с нее заметили вдали какую-то точку. Подплыли — стоит человек, только голова наружу.
— Давай залезай в лодку! — говорят ему.
— Плывите себе дальше, — говорит человек.
— Мы тебе помочь хотим! — настаивают в лодке.
— Да оставьте вы меня в покое!
— Да как же мы тебя так оставим? — не унимаются в лодке.
— Да живу я здесь, живу!

* * *

Два друга думали, что подарить своему коллеге по работе на день рождения.
— Подарим бритву.
— Нет, бритва у него уже есть
— Тогда фотоаппарат.
— Нет, это у него тоже есть.
И так далее. Недоумевают — все у него есть.

Тут видят плакат: «Книга — лучший подарок».

— О! Подарим книгу! — говорит первый.

— Нет, — безнадежно отвечает второй. — Книга у него тоже есть.

* * *

Приходит султан в свой гарем, собирает жен, наложниц и говорит:

— Влюбился я. Очень сильно влюбился... Так что ухожу я от вас, совсем ухожу.

Сказал такие слова и вышел, а жены переживать начали, мучиться. Наконец, решили послать любимую жену узнать, в кого же он влюбился. Прошло немного времени, вернулась она и говорит:

— Плохо наше дело: султан в другой гарем влюбился!..

* * *

— Слушай, друг, ты мою жену знаешь?

— Знаю.

— Сколько даешь за нее?

— Ни копейки.

— Договорились.

* * *

Висят как-то летучие мыши на перекладине. Висят себе висят вниз головой, как полагается. Вдруг одна переворачивается и встает головой вверх. Другая смотрит на нее с удивлением и спрашивает у третьей:

— Слушай, что это с ней?

— Да, не обращай внимания. Опять сознание потеряла.

* * *

Ночью в безлюдном переулке один человек просит другого:

— Если вы дадите мне сотню долларов, то спасете жизнь одному уважаемому человеку.

— Если вы имеет в виду себя, то ошибаетесь: вы похожи на бродягу.

— Нет, я имею в виду вас.

* * *

В НИИ стали приводить львов и выпускать в рабочее время в коридоры, чтобы сотрудники работали, а не болтались. Потом случилось ЧП и львов убрали. Один лев — другому:

— И нужна была тебе эта уборщи... цать два научных сотрудника съел, и ни... метил!

* * *

В купе едут два пассажира. Один пристально смотрит на другого, а потом и говорит:

— Если бы не усы, вы были бы очень похожи на мою жену.

— Но у меня нет усов.

— У моей жены есть.

* * *

Посреди черного-черного леса течет черная-черная река... На берегу черной-черной реки растет черный-черный дуб... Под черным-черным дубом сидят два черных-черных человека... И один черный человек говорит другому: «И зачем мы, Вася, эту резину запалили...»

* * *

Два сумасшедших пошли на охоту. Первый подстрелил утку, и она упала к его ногам. Ему вдруг стало ее очень жаль.

— Ты не виноват, — утешает его другой. — Если бы ты ее не убил, она все равно разбилась бы при падении.

* * *

...ужащий врывается в кабинет своего ...вает ему на голову бутылочку чер... ...кивает на стол и начинает топтать ...Вдруг открывается дверь, и в ка... ...т коллега:

...Мы пошутили, что ты получил ...ион.

* * *

Альбатросу задали вопрос:

— Мы знаем, что вы летаете дальше других пернатых, покрывая огромные расстояния без отдыха. Откуда у вас берутся силы?

— Это не сила. Это слабость, — ответил альбатрос. — Я ужасно боюсь приземлиться!

* * *

— Почему вы прервали вдруг свое выступление? — спросили лектора, который неожиданно сошел с кафедры.
— Видите ли, я уже привык к тому, что слушатели поглядывают на часы, но когда начинают их подносить к уху...

* * *

Два японца. Один другому:
— Отгадай, что у меня в кулаке зажато?
— Телевизор?!
— Правильно, а сколько штук?

* * *

Актер, исполняющий роль Ричарда, кр
— Коня! Коня! Полцарства за коня!
Раздался голос с галерки:
— А осел подойдет?
— Сойдет и осел, мой друг! Иди сюда!

* * *

— О, какой прекрасный вид! — восторгается горожанин. — Я бы не променял его ни на какой другой!
— Возможно, — ответил крестьянин, — но если бы вы этот вид должны были пахать, засевать,

215

бороновать, косить, убирать, тогда бы вы смотрели на него иначе.

* * *

Сидят две вороны на дереве: одна на верхней
ветке, а другая на нижней. Та, что на нижней,
и говорит:
— Ой, какой дождь теплый пошел!
А другая, с верхней ветки, говорит:
— Какой хочу, такой и пускаю.

* * *

— Вася! Зачем ты полез в унитаз? — спрашивает один сантехник другого.
— Да вот куртку уронил.
— Неужели ты будешь ее после этого носить?
— нет! Но там в кармане мой завтрак.

* * *

что вы можете рассказать об

домой. Ко мне подошли двое
убу и шапку». Я так и сде-
снял шубу, с другого — шапку.

* * *

Служащий пришел на работу на 5 минут раньше. Его посадили за шпионаж. Другой служащий
пришел на 5 минут позже. Его посадили за сабо-

таж. Третий пришел минута в минуту. Его посадили за антисоветскую агитацию — он носил швейцарские часы.

* * *

— Драка происходила так. Одной рукой я схватил его за ворот, другой за грудь... и раз, раз...
— Как же вы его били, если держали обеими руками?
— А бил он.

* * *

Три заядлых курильщика, перебивая друг друга, клянут пагубную привычку.
— И потом, табак деформирует голос!
— Да-да, особенно меняет его тон!
— Совершенно верно! Вы бы послушали мою жену, когда я роняю пепел на ковер.

* * *

Два математика в кафе. Служащий по совместительству, тоже математик, прибивает к стене картину, держа гвоздь шляпкой к стене. Первый математик: «По-моему этот гвоздь от другой стены...» Второй: «Да нет, от этой, но с другой стороны...»

* * *

Два привидения гуляют по замку. Вдруг где-то скрипнула половица, и одно привидение в страхе прижалось к другому.

— Ты что, веришь в эти сказки про живых? — спросило его привидение.

* * *

Плывет межконтинентальный танкер. Вдруг на радаре перед ним появляется какой-то объект. Танкер посылает сигнал:

— Мы — межконтинентальный танкер: поворачивайте!

Им по азбуке Морзе ответ:

— А мы — маяк: сами поворачивайте!

* * *

Взломщик открыл сейф и вдруг слышит за спиной:

— Руки вверх!

Он испуганно поднимает руки.

— Вот так! И ни шагу с места, пока я не достану из сейфа обойму.

* * *

Объявили о выставке ослов. Отвели площадку, отгородили ее веревкой и со всех входящих брали плату. Народ ходил, ходил, смотрели друг на друга и спрашивали:

— А где же ослы?

* * *

Пустыня, жара, песок... Бегут две страусихи, а за ними два страуса. Страусы догоняют. Страусихи останавливаются и закапывают голову в песок. Страусы останавливаются, озадаченно озираются и один говорит другому:

— Куда делись эти две, вроде только что тут были!

* * *

На дуэль опаздывает один из ее участников. Другой нервно посматривает на часы и, наконец, глядя на секундантов, говорит:

— Если мой противник через 5 минут не явится, я, пожалуй, начну без него!

* * *

Разговаривают две коровы:

— Жуть! Одна за другой коровы сходят с ума!

— Ну, это ничего. Главное — чтобы с нами, утками, ничего не случилось.

* * *

Идет по пустыне чудак. Встречает бедуина.

— Слушай, друг, где здесь туалет?

— Иди прямо-прямо, в четверг свернешь направо...

* * *

Один жалуется другому:

— Такой сейчас некультурный народ пошел! Вчера, когда выходил из пивной, мне все руки отдавили.

* * *

Друг спрашивает:
— Почему ты не носишь обручальное кольцо?
— За глотку душит!

* * *

— Ты читал в сегодняшней газете, как этот критик разнес в пух и прах мой новый фильм?
— Не обращай на него внимания: он просто повторяет то, что говорят другие.

* * *

Сидят два зэка, наблюдают закат через решетку. Один другому:
— Солнышко село.
— Ну, это уж слишком!

* * *

Муж явился домой после полуночи.
— Где был? — спросила жена.
— Бастовал.
— Ну, чего добился?
— Работу, которую бросил днем, пришлось доделывать вечером...

* * *

— Мне кажется, что жена хочет развестись со мной.
— Почему ты так думаешь?

— Вчера она привела к нам свою подругу.

— Ну, и что?

— Как что? Ты не представляешь себе, какая это красавица!

* * *

Встречаются две подруги. Одна спрашивает у другой:

— Ну, как муж?

— Ой, я так счастлива! С тех пор, как поженились, мы еще ни разу не поссорились. Хоть бы и вторая неделя прошла так же!

* * *

Играют пастух с бараном в шахматы. Подходит другой пастух и спрашивает:

— Ну, и как играет баран?

— Баран он и есть баран!

— А счет-то хоть какой?

— Да пока 4: 4.

* * *

— Почему у вас такой изможденный вид? На вас лица нет.

— Да понимаете, пришел на ипподром, полно народу, у меня развязался шнурок на ботинке. Я нагнулся, чтобы его завязать, и вдруг кто-то положил мне на спину седло.

— Ну, и что?

— Пришел третьим.

* * *

Унитаз бегает из угла в угол и бормочет:
— Такой друг... такой друг... ТАКОЙ друг...
и так в душу нагадить...

* * *

Собрались на ежегодный съезд генетики, обсуждают достижения. Выходит один и говорит,
что он скрестил козу с коровой и теперь у него
дома и хорошее мясо, и целебное молоко. Выходит другой и говорит:
— А я скрестил арбуз с тараканами.
— И что?
— Арбуз разрезаешь, а косточки сами разбегаются.

— Вчера она привела к нам свою подругу.
— Ну, и что?
— Как что? Ты не представляешь себе, какая это красавица!

* * *

Встречаются две подруги. Одна спрашивает у другой:
— Ну, как муж?
— Ой, я так счастлива! С тех пор, как поженились, мы еще ни разу не поссорились. Хоть бы и вторая неделя прошла так же!

* * *

Играют пастух с бараном в шахматы. Подходит другой пастух и спрашивает:
— Ну, и как играет баран?
— Баран он и есть баран!
— А счет-то хоть какой?
— Да пока 4: 4.

* * *

— Почему у вас такой изможденный вид? На вас лица нет.
— Да понимаете, пришел на ипподром, полно народу, у меня развязался шнурок на ботинке. Я нагнулся, чтобы его завязать, и вдруг кто-то положил мне на спину седло.
— Ну, и что?
— Пришел третьим.

* * *

Унитаз бегает из угла в угол и бормочет:
— Такой друг... такой друг... ТАКОЙ друг... и так в душу нагадить...

* * *

Собрались на ежегодный съезд генетики, обсуждают достижения. Выходит один и говорит, что он скрестил козу с коровой и теперь у него дома и хорошее мясо, и целебное молоко. Выходит другой и говорит:
— А я скрестил арбуз с тараканами.
— И что?
— Арбуз разрезаешь, а косточки сами разбегаются.

Издание для досуга

АНЕКДОТЫ ОТ ВОВОЧКИ

Ответственный за выпуск *Ю. Г. Хацкевич*

Подписано в печать с готовых диапозитивов 15.01.2001.
Формат 84×108^1/$_{32}$. Бумага типографская. Печать офсетная.
Усл. печ. л. 11,76. Тираж 11 000 экз. Заказ 189.

Налоговая льгота — Общегосударственный классификатор
Республики Беларусь ОКРБ 007-98, ч. 1; 22.11.20.600.

ООО «Харвест». Лицензия ЛВ № 32 от 27.08.97.
220013, Минск, ул. Я. Коласа, 35 — 305.

ООО «Издательство АСТ».
Лицензия ИД № 02694 от 30.08.2000 г.

Республиканское унитарное предприятие
«Издательство «Белорусский Дом печати».
220013, Минск, пр. Ф. Скорины, 79.